Dieses Buch ist für

von

Bibliografische Information der Deutschen Nationalbibliothek:
Die Deutsche Nationalbibliothek verzeichnet diese Publikation in der Deutschen Nationalbibliografie; detaillierte bibliografische Daten sind im Internet über http://dnb.d-nb.de abrufbar.

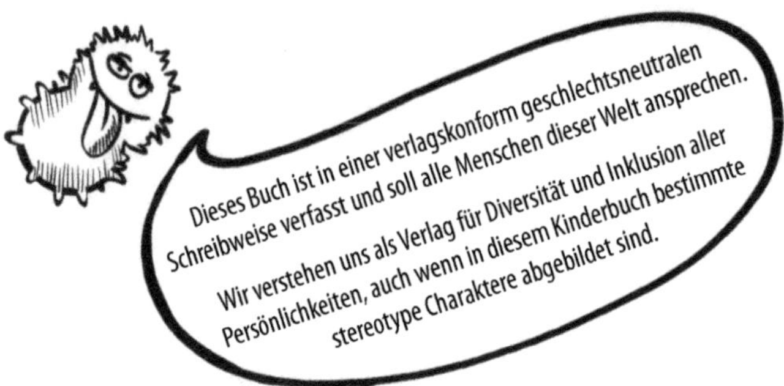

1. Auflage   Juli 2024
© 2024
Verlagsanschrift   edition riedenburg
    Adolf-Bekk-Straße 13, 5020 Salzburg, Österreich
Internet   www.editionriedenburg.at
E-Mail   verlag@editionriedenburg.at
Lektorat   Dr. Heike Wolter, Dr. Caroline Oblasser
Fotos   Portrait Jasmin Schmidt: © Jasmin Schmidt, Portrait Sarah Schmid: © Emanuel Schmid, Portrait Scarlett Müller-Mangelberger: © Martina Müller-Mangelberger
Satz und Layout   edition riedenburg
Herstellung   Books on Demand GmbH

ISBN 978-3-99082-159-6

Jasmin Schmidt • Sarah Schmid
Scarlett Müller-Mangelberger

NIE MEHR KARIES!

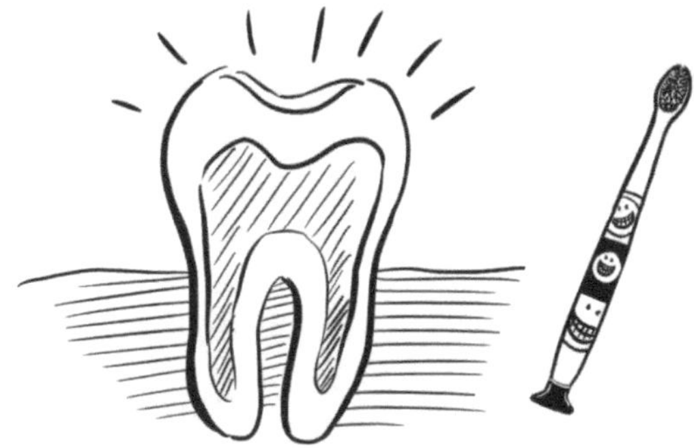

Wie Kinderzähne gesund werden und bleiben:
mit Prophylaxe-Tipps aus der Kinderzahnarztpraxis und
ausführlichem Rezepte-Teil zu zahngesunder Ernährung

INHALT

Vorwort 9

Lena, Frau Doktor Grünzahn und Wolli 12

Liebe Eltern! 42

Die Wahl der Lebensmittel 45

Das Mikrobiom 46

Unser Speichel 46

Kreidezähne oder MIH 48

Kariesstopp bei Schmelzdefekten an Milchzähnen 50

Kariesstopp bei Schmelzdefekten an bleibenden Zähnen 51

Dentinkaries an Milchzähnen stoppen 51

Dentinkaries am bleibenden Zahn stoppen 52

Schmerzende Milchzähne 53

Kuriosität Milchzahnpolyp 54

Der Zahn stirbt ab – und jetzt? 55

Toter Milchzahn im Mund – harmlos oder gefährlich? 57

Zähne richtig nähren 58

Wichtige Vitamine für die Zähne 58

Die fettlöslichen Vitamine D, A und K2 58

Quellen für Vitamin D 59

Quellen für Vitamin A 60

Quellen für Vitamin K2 60

Wichtige Mineralstoffe 61

Kalzium 61

Phosphat 61

Magnesium 61

Antinährstoffe 62

Traditionelle Zubereitungsmethoden 63

Einweichen und Erhitzen 63

Säuern und Fermentieren 63

Trocknen 64

Pökeln 64

Superfoods 65

Eier 65

Rohmilch und Milchprodukte 66

Weidebutter 68

Leber und andere Innereien 68

Lebertran 69

Meeresfrüchte und Fischeier 69

Wildkräuter 70

Nahrungsmittelunverträglichkeiten und der Darm 70

Rezepte

Rezepte ... 72

Wichtiger Hinweis ... 72

Grundrezepte für die traditionelle Zubereitung ... 72

Sauerteigansatz selbst machen ... 72

Selbstgemachtes Roggensauerteigbrot ... 74

Beispiel für eine Brotzeit mit selbstgemachtem Sauerteigbrot ... 75

Dickmilch, Quark und Frischkäse selbst machen ... 76

Milchkefir ... 77

Gemüsebrühe selber machen ... 78

Nahrhafte Knochenbrühe ... 79

Frühstück ... 80

Power-Cure-Shake ... 80

Kokosmus-Smoothie ... 81

Lachsomelett ... 82

Frühstücksbrei mit Erdbeeren ... 83

Frühstücksquark ... 84

Zwischenmahlzeiten ... 85

Gemüsestangen roh oder gebacken ... 85

Avocado-Dip ... 86

Bananen-Joghurt ... 86

Fermentierte Gurken ... 87

Eier-Muffins ... 88

Dinkel-Nuss-Waffeln ... 89

Warme Küche 90

Bolognese mit Hühnerleber 90

Gebratene Rinderleber mit Apfel und Zwiebelringen 91

Frikadellen mit Leber und Apfel-Kartoffelpüree mit Zwiebeln 92

Gemüsepfanne mit Lachsfilet 94

Fischstäbchen 95

Bratheringe 96

Gemüsepuffer mit selbstgemachtem Apfelmus 97

Sauerkraut-Auflauf 98

Reis mit buntem Gemüse 99

Hühnersuppe 100

Grüne-Bohnen-Eintopf 102

Möhren-Linsen-Suppe 103

Gemüse-Kartoffel-Suppe 104

Salate und Beilagen 105

Geflügelsalat 105

Wassermelonensalat mit Feta und Walnüssen 106

Avocado-Tomaten-Salat 107

Bohnen-Hirse-Salat 108

Selbstgemachtes Kürbis-Knäckebrot 109

Das Wichtigste in Kürze 112

Schlusswort 112

Quellen 113

Empfohlene Literatur 113

Wer wir sind 114

Verziere deine Zahnbürsten!

... und dann kümmere dich rasch um Ersatz, die Borsten sind schon ziemlich ausgefranst!

Hallo liebe Kinder und liebe Eltern!

Darf ich vorstellen: Das sind Zahnärztin Frau Doktor Grünzahn und ihr treuer Hund Wolli. Die beiden lieben Zähne. Sie verbringen ihren Tag in der Kinderzahnarztpraxis und betreuen dort die Beißerchen ihrer jungen Patienten.

Als Zahnärztin kümmert sich Frau Doktor Grünzahn auch um die Gesundheit deiner Zähne. Darum ist es wichtig, regelmäßig zum Zahnarzt zu gehen.

Wolli ist der fleißige Helfer von Frau Doktor Grünzahn. Er hat schöne, weiße Zähne, die er dreimal am Tag fleißig putzt. Die beiden sind ein tolles Team und helfen sich gegenseitig, wo sie nur können.

Im folgenden Buch werdet ihr und eure Eltern einiges über Milchzähne und bleibende Zähne erfahren und darüber, wie ihr sie am besten pflegen könnt. Außerdem verraten wir euch, welche Rolle die Ernährung spielt und wie ein Zahnarztbesuch abläuft. Los geht's!

Schnapp dir zuallererst einen Spiegel. Öffne deinen Mund so weit du kannst und schau mal, ob du schon alle deine Milchzähne hast. Du kannst ja mal mit deiner Mama oder deinem Papa zusammen deine Zähne zählen. Wenn du bereits alle Milchzähne hast, zählst du genau bis 20.

Fehlen dir noch ein paar Milchzähne? Keine Panik! Deine Zähne wachsen nicht alle gleichzeitig aus deinem Zahnfleisch heraus.

Schau mal auf das Bild auf der rechten Seite. Darauf siehst du, welche verschiedenen Arten von Milchzähnen es gibt und wann du mit ihnen rechnen kannst.

Der erste Milchzahn kommt ungefähr, wenn du sechs Monate alt bist. Bis zum Alter von etwa zwei bis drei Jahren sind alle 20 Milchzähne vollständig herausgewachsen.

Ist das nicht super spannend?

Was denkst du: Wozu hast du deine Zähne im Mund? Richtig: Zum Kauen und Sprechen.

Zahnärztinnen wie Frau Doktor Grünzahn haben die Aufgabe, regelmäßig alle Zähne zu kontrollieren, damit diese wichtigen Mundwerkzeuge schön gesund bleiben.

Ihr könnt euch deshalb schon jetzt auf einen spannenden Tag bei Frau Doktor Grünzahn und Wolli freuen.

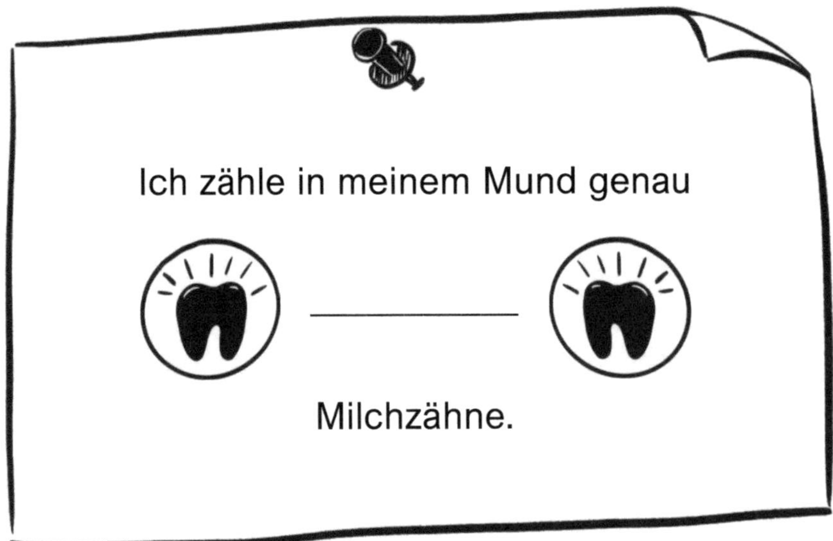

WANN SIND MEINE MILCHZÄHNE DA?

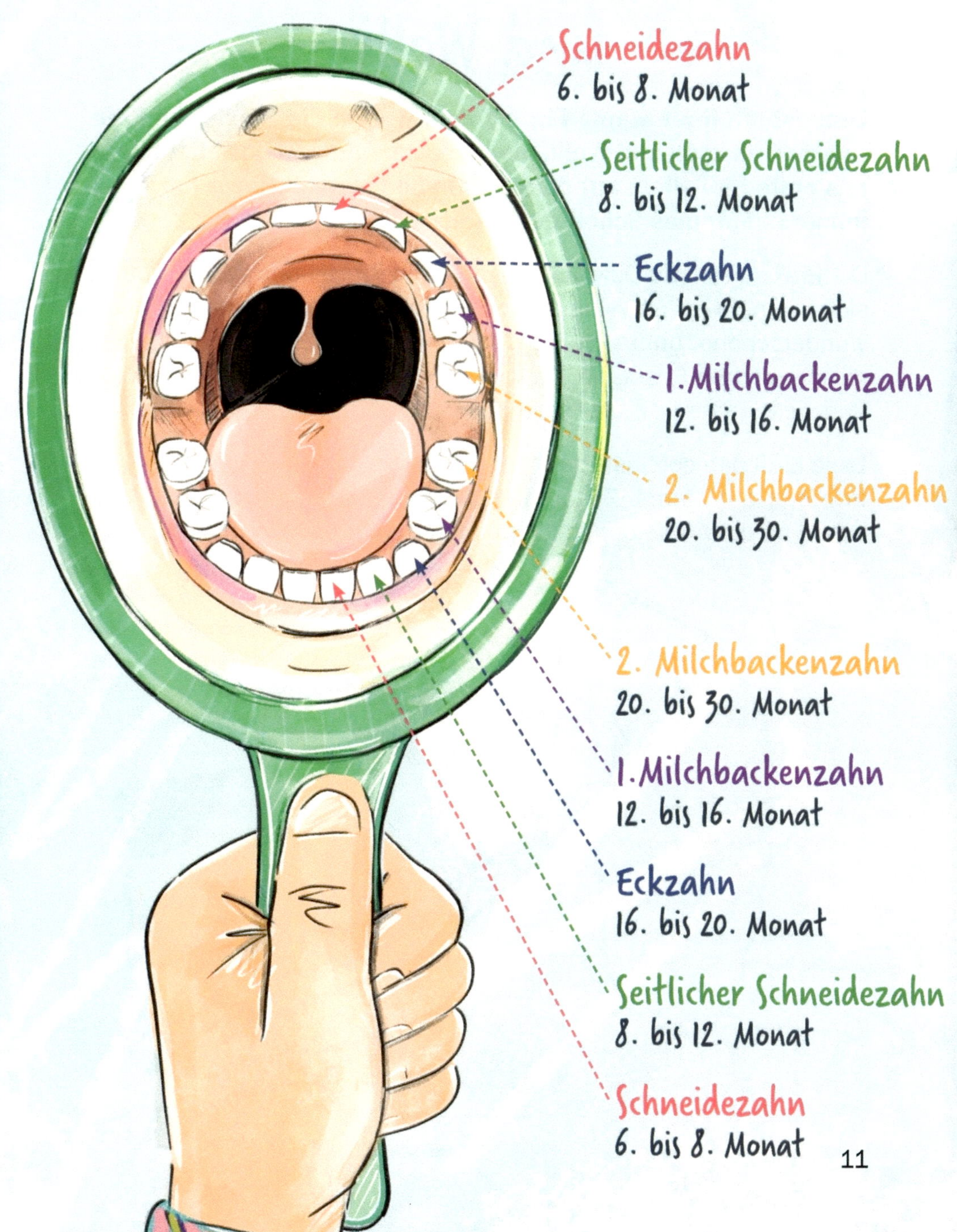

Lena, Frau Doktor Grünzahn und Wolli

Lena ist mit ihrer Mama Ela auf dem Weg in die Praxis von Frau Doktor Grünzahn und Wolli. Sie ist sechs Jahre alt und sitzt heute das erste Mal allein auf dem Behandlungsstuhl. Davor hatte sie immer auf Mamas Schoß gesessen.

Die Praxis von Frau Doktor Grünzahn und Praxishund Wolli befindet sich in einer weißen Villa mit großen Fenstern. Im Vorgarten blühen wunderschöne, bunte Blumen. Daneben befindet sich ein Kräutergarten, in dem Rosmarin, Thymian, Petersilie, Schnittlauch, Salbei und viele weitere Kräuter wachsen.

Lena läuft den gepflasterten Weg zur Praxis hoch und wartet vor der Praxistür auf Mama. Zusammen gehen sie in die Praxis, wo Wolli schon an der Anmeldung sitzt und Lena aufmerksam mustert.

Dr. Grünzahn

„Hallo Wolli! Lena hat heute einen Termin bei Frau Doktor Grünzahn“, sagt Mama.

Lena läuft direkt weiter ins Wartezimmer.

Dort gibt es viele schöne Spielsachen. Lena schnappt sich das Zahnputzbuch, das auf dem Tisch liegt.

„Schau mal, Mama!“, sagt Lena. „Was für große Zähne hier im Buch sind!“

Mama lacht und sagt: „Die sehen fast so aus wie die Zähne von Wolli.“

Da kommt Wolli schon um die Ecke gebogen und verkündet: „Lena, du darfst schon mit mir ins Behandlungszimmer kommen.“

„Au ja!“, ruft Lena und reibt sich freudig die Hände. „Darf ich wieder das Karussell-Spiel spielen?“, fragt sie.

„Aber klar! Das spielen wir gleich als Erstes“, antwortet Wolli.

„Karussell fahren?“, fragt Mama.

„Ja! Da drückt Wolli doch auf einen Knopf und dann fährt der Stuhl nach oben und nach unten. Wie beim letzten Mal, Mama. Weißt du das denn nicht mehr? Das macht riesigen Spaß!“

Mama Ela und Lena folgen Wolli ins Behandlungszimmer, wo Frau Doktor Grünzahn schon auf die drei wartet.

Sie hat einen bunten Spiegel in ihrer Hand.

„Wow, der sieht ja toll aus, so schöne Regenbogenfarben!“, ruft Lena und hüpft auf den Behandlungsstuhl.

„Das finde ich auch, Lena“, lächelt Frau Doktor Grünzahn und begrüßt die Familie.

Mama Ela sieht vom Fenster aus neugierig zu.

Da drückt Wolli auf den Karussell-Knopf und der Behandlungsstuhl fährt auf und ab.

„Juhu, das macht Spaß!", ruft Lena und hält sich mit einer Hand am Stuhl fest.

„Wir wollen uns heute mal deine Zähne anschauen", sagt Frau Doktor Grünzahn und fährt die Rückenlehne langsam zurück, bis Lena im Stuhl liegt.

Wolli klettert auf einen Hocker und stellt die Lampe über dem Behandlungsstuhl ein, damit Frau Doktor Grünzahn die Zähne in Lenas Mund besser sehen kann.

Mit dem kleinen Spiegel in der Hand untersucht sie alle Zähne und kratzt mit einer Sonde an den Backenzähnen. Sie schaut, ob Lenas Zähne stark und gesund sind.

„Schöne Zähne hast du, Lena, aber ein Backenzahn hat eine Karies", sagt Frau Doktor Grünzahn.

„Karies? Was ist das?", fragt Lena.

„Eine Karies nennt man eine weiche Stelle im Zahn. Die Karies entsteht, wenn der Zahnschmelz schwach wird und Mineralstoffe verliert."

„Und was passiert dann?", will Lena wissen.

„Dann fühlen sich bestimmte Bakterien dort besonders wohl", antwortet Frau Doktor Grünzahn. „Wenn immer mehr Mineralstoffe verloren gehen, entsteht ein Loch."

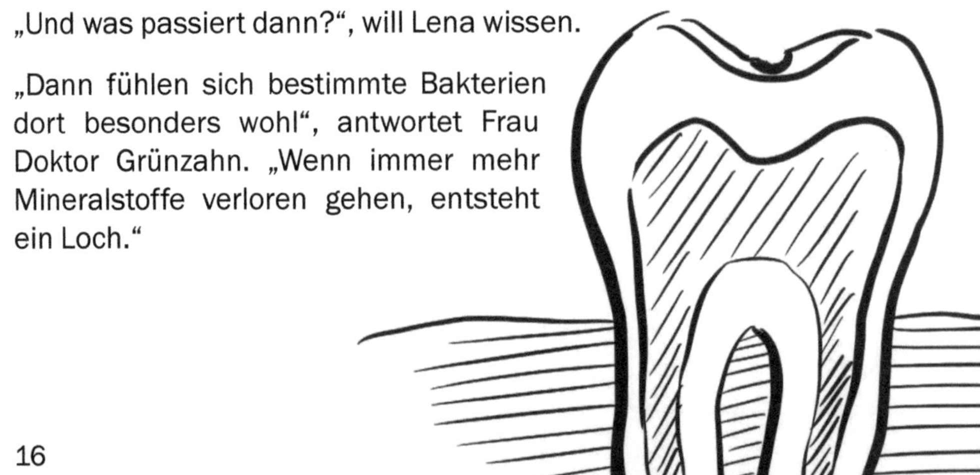

Oh, ein Loch wollte Lena bestimmt nicht in ihrem Zahn haben. Im Zahnbuch hat sie darüber schon gelesen und auch erfahren, dass Löcher richtig wehtun können. Sie ist gerade gar nicht mehr so begeistert.

Frau Doktor Grünzahn merkt, dass Lena etwas traurig dreinblickt, und beruhigt sie:

„Eigentlich ist es die Aufgabe des Speichels, die Zähne stark und hart zu machen. Aber weil das manchmal nicht so gut funktioniert, empfehlen wir Zahnärzte, die Zähne mindestens zweimal am Tag mit einer Zahnbürste und einer erbsengroßen Menge an Zahnpasta zu putzen. Am besten morgens vor dem Frühstück – nach dem Frühstück solltest du mit Wasser nachspülen – und abends vor dem Zubettgehen. In der Zahnpasta sind Fluoride drin. Das sind Stoffe, die den Zahn härten können, ähnlich wie der Speichel das tut.“

Hm, das Putzen hatte Lena manchmal vergessen. Auch dann, wenn sie abends noch etwas genascht hatte.

Und dann erzählt Frau Doktor Grünzahn vom Essen und davon, was da alles Wichtiges drin ist. Das findet Lena interessant:

„Mindestens genauso wichtig wie das Putzen ist, dass du deinen Zähnen durch das, was du isst, ganz viele gesunde Mineralien und Vitamine schenkst. Denn die benötigen deine Zähne, um stark und gesund zu bleiben. Wenn die Zähne das sind, entsteht nämlich gar kein Loch.“

„Das finde ich gut!“, ruft Lena, und ihre Sorgen sind wie weggeblasen. „Siehst du, das dachte ich mir“, lächelt Frau Doktor Grünzahn. „Ich werde dir und deiner Mama gleich noch genau zeigen, welche Lebensmittel für einen harten Zahnschmelz besonders gut geeignet sind. Wenn ihr die esst, kann nicht so leicht eine Karies entstehen."

„Oh, das klingt ja super!", antwortet Mama Ela begeistert.

Frau Doktor Grünzahn setzt sich den Mundschutz wieder auf und dreht sich zu Lena. Dann meint sie: „Jetzt entfernen wir aber erstmal die weiche Stelle aus deinem Zahn, damit du beim Essen wieder gut kauen kannst, Lena. In Ordnung?"

„Hm … Tut das weh?", überlegt Lena.

„Vielleicht ein bisschen. Aber das Loch ist nicht tief. Das merkst du wahrscheinlich kaum. Es ruckelt trotzdem ein wenig."

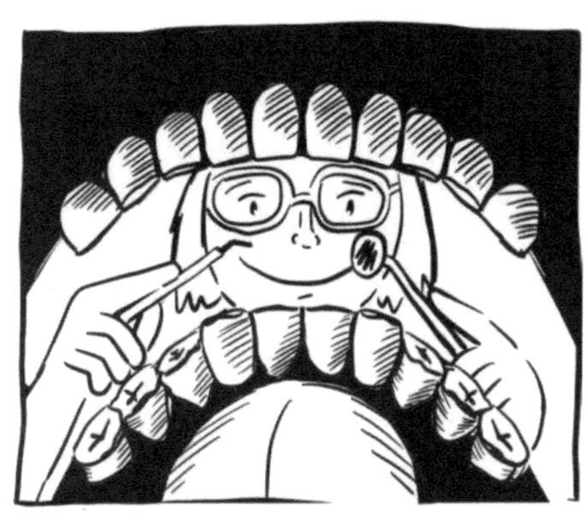

Frau Doktor Grünzahn zeigt Lena einen kleinen, silbernen Stift. „Das ist ein Zahnbohrer. Damit kratze ich das weg, was an deinem Zahn zu weich geworden ist", erklärt sie. „Wenn es dir unangenehm wird, heb deine Hand. Dann höre ich gleich damit auf."

Lena guckt Mama etwas besorgt an, aber Mama Ela nickt beruhigend und lächelt dabei.

Mutig lehnt sich Lena zurück und macht den Mund so weit auf, wie sie es beim Zähneputzen geübt hat.

„Ich zähle langsam bis zehn, und dann sind wir schon fertig. In Ordnung?", schlägt Frau Doktor Grünzahn vor. Lena nickt.

Da fängt Frau Doktor Grünzahn auch schon an, den weichen Zahn zu bohren. Dabei zählt sie laut: „1 … 2 … 3 … schon fertig! Jetzt kommt noch eine weiße Masse in deinen Zahn, um das Loch zu füllen. Dann kannst du wieder gut kauen."

Wenig später ist Frau Doktor Grünzahn mit ihrer Reparaturarbeit auch schon fertig.

„Das hast du toll gemacht, Lena", lobt Mama Ela. Lena ist erleichtert.

Auch Frau Doktor Grünzahn ist mit dem Ergebnis zufrieden.

Sie sagt: „Nun sind alle Zähne wieder in Ordnung. Wolli zeigt dir jetzt, wie du zu Hause deine Zähne am besten reinigen kannst, damit kein Zahn mehr vergessen wird."

Wolli wedelt mit dem Schwanz und erklärt: „Gleich sehen wir, wie sauber deine Zähne heute beim Putzen mit deiner Zahnbürste geworden sind." Eifrig pinselt er Lenas Zähne mit einer blauen Zauberfarbe an.

„Ausspülen, bitte!" Er reicht Lena einen Becher Wasser. Lena nimmt einen Schluck Wasser und spült die Farbe aus ihrem Mund wieder aus.

„Schau mal!", muntert Wolli Lena auf und reicht ihr den Handspiegel.

Lena betrachtet ihre Zähne ganz genau: „Uh, das ist ja stellenweise ganz blau und meine Zunge auch", staunt sie. Wie ein Frosch streckt sie ihre blau gefärbte Zunge ganz besonders weit aus dem Mund.

Wolli grinst: „Die Zunge wird schon wieder von allein sauber. Auf der Zunge liegen viele Bakterien, deshalb hat sich deine Zunge auch blau verfärbt."

„Und was ist mit den blauen Zahnstellen?", möchte Lena von Wolli wissen."

„Überall dort, wo du noch Farbreste auf deinen Zähnen siehst, könntest du noch besser putzen", erklärt Wolli.

Lena nickt, denn das versteht sie gut.

„Ich zeige dir jetzt, wie du deine Zähne am besten putzen kannst", freut sich Wolli. „Die Putzsystematik nach KAI hilft dir dabei, keinen Zahn mehr zu vergessen. KAI kannst du dir gut merken. Guck mal auf das Plakat an der Wand, da ist KAI genau erklärt."

Gemeinsam mit Lena sieht sich Wolli das Plakat an. Sie lesen:

Das „K" in KAI steht für die Kaufläche.
Zuerst werden mit kurzen Hin-und-her-Bewegungen alle Kauflächen geputzt.

Das „A" in KAI steht für die Außenflächen.
Danach werden mit kreisenden Bewegungen die Außenflächen ge-putzt. Die Zähne liegen dabei aufeinander. Man putzt von der Mitte aus nach rechts und links.

Das „I" in KAI steht für die Innenflächen.
Zuletzt werden mit kleinen kreisenden Bewegungen die Innenflä-chen geputzt. Hier wird von Rot nach Weiß geputzt, das bedeutet vom Zahnfleisch zum Zahn.

Nun gibt Wolli Lena eine Kinderzahnbürste in die Hand und übt mit ihr die Putzsystematik nach KAI. Mama Ela schaut gespannt zu. Lena gibt sich sehr viel Mühe!

„Du solltest eine Putzzeit von drei Minuten einhalten, um keinen Zahn zu vergessen. Damit du die Zeit immer im Blick hast, kannst du dir eine Sanduhr ins Badezimmer stellen", erklärt Wolli.

ZÄHNEPUTZEN NACH KAI

1.

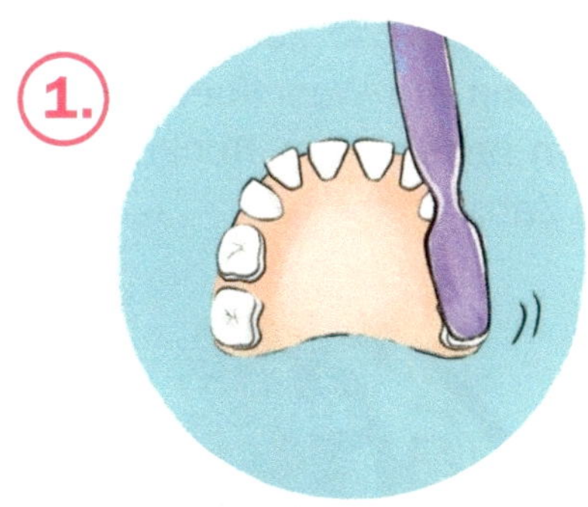

K – für Kaufläche

Als Erstes werden mit kurzen Hin-und-her-Bewegungen alle Kauflächen geputzt.

2.

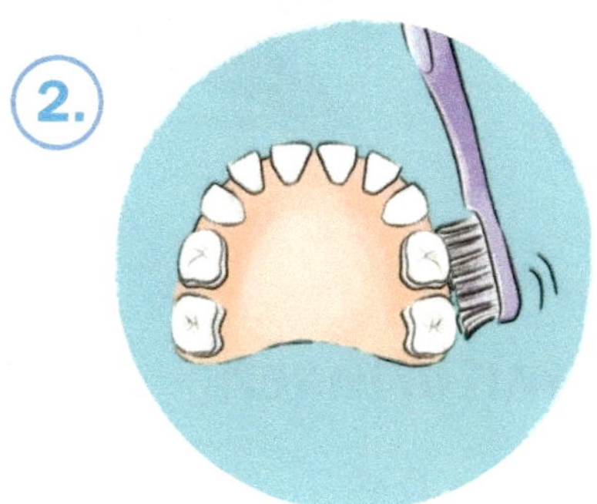

A – für Außenflächen

Als Zweites werden die Außenflächen mit kreisenden Bewegungen geputzt. Die Zähne liegen dabei aufeinander und man putzt von der Mitte aus nach rechts und links.

3.

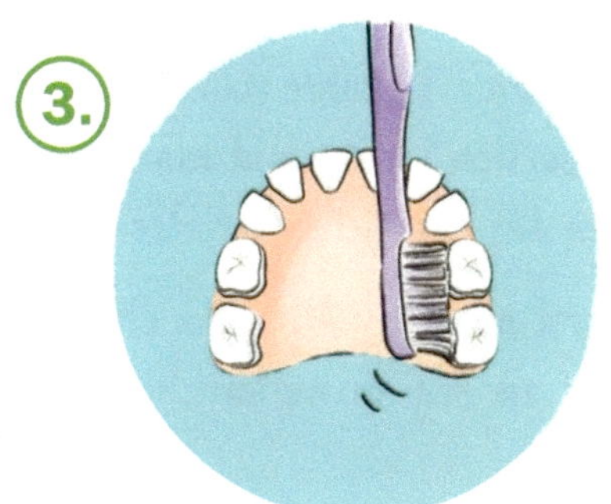

I – für Innenflächen

Als Letztes werden die Innenflächen mit kleinen, kreisenden Bewegungen geputzt, und zwar von rot nach weiß, also vom Zahnfleisch zum Zahn.

! Noch ein kleiner Tipp:
Du brauchst gar nicht so viel Zahnpasta, um deine Zähne gründlich zu reinigen. Eine erbsengroße Menge reicht vollkommen aus.

Wolli deutet auf die riesengroße Zahnbürste, die als Dekoration in der Ecke der Praxis steht.

Er erklärt: „Nach dem Zähneputzen solltest du deine Zahnbürste zuerst gut mit Wasser ausspülen und sie dann am Waschbeckenrand abklopfen. Stelle sie anschließend am besten zum Trocknen mit dem Bürstenkopf nach oben in deinen Zahnputzbecher."

Wollis Informationen für Erwachsene

Das sollte eine gute Hand-Zahnbürste für Kinder mitbringen:

- weiche, abgerundete Borsten und einen kleinen, runden Kopf

- einen ergonomischen, rutschfesten Griff, um gut in der Kinderhand zu liegen

Wechseln Sie die Kinder-Handzahnbürste regelmäßig, damit sie ihre volle Putzkraft behält. Kinder beißen nicht selten auf den Borsten herum und machen sie so stumpf. Außerdem können verbogene Borsten das Zahnfleisch verletzen.

Eine elektrische Zahnbürste sollte einmal am Tag erst ab einem Alter von etwa vier Jahren verwendet werden, damit die Kinder zu Beginn motorisch das eigenständige Putzen erlernen können.

Um den Spaß am Putzen zu fördern, können Sie Ihr Kind die Farbe und das Lieblingsmotiv der Zahnbürsten selbst aussuchen lassen.

Wenn die Borsten deiner ZAHNBÜRSTE ausgefranst sind und zur Seite stehen, wird es Zeit, sie zu wechseln.

ZAHNSEIDE hilft dir dabei, die engen Zwischenräume zwischen deinen Zähnen zu reinigen.

ZAHNSEIDE

Hast du gewusst, dass der Kopf einer ELEKTRISCHEN ZAHNBÜRSTE mindestens 3.000 Umdrehungen pro Minute schafft?

! Noch ein wichtiger Tipp: Wenn du deine Zähne putzt, schrubbe sie nicht zu kräftig. Sonst kann es passieren, dass du dein Zahnfleisch verletzt.

Frau Doktor Grünzahn kommt ins Behandlungszimmer und hat ein grünes, schweres Buch in der Hand. Darauf steht mit großer Schrift „ZAHNGESUNDE ERNÄHRUNG nach traditioneller Art".

„Ich habe euch ein Buch mitgebracht, das schon meiner Oma gehört hat", sagt sie. „Hier steht alles drin, was bereits unsere Vorfahren über die Zähne wussten. Eine gesunde und nährstoffreiche Ernährung ist nämlich das Wichtigste, um Karies zu verhindern, aufzuhalten und sogar zu heilen. Unser Speichel hilft dabei, die Mineralien, die ein Zahn verliert, wieder einzubauen. Damit er diese Superkraft hat, muss man jedoch wissen, was Nährstoffe und was sogenannte Nährstoffräuber sind."

Nährstoffräuber? Den Begriff hatte Lena noch nie gehört und denkt gleich an Piraten.

„Wenn wir eine Kariesentwicklung früh genug entdecken, können wir sie mit einer guten Nährstoffaufnahme auf natürliche Weise reparieren", erklärt Frau Doktor Grünzahn. „Für zu Hause gebe ich euch eine Liste zur Übersicht mit. Darauf seht ihr mit einem Blick, welches nährstoffreiche und welches nährstoffarme Speisen sind."

Nährstoffreiche Speisen:

Weidemilchbutter, Eigelb von glücklichen Hühnern im Freien, Lebertran, Leber, Meeresfrüchte, fetter Fisch aus Wildfang, Rohmilch (am besten auch gesäuert in Form von Joghurt), Käse, Knochenbrühe

Nährstoffarme Speisen (Nährstoffräuber):

Getreide (wenn nicht gesäuert und erhitzt), Zucker, Fast Food, industriell verarbeitete Pflanzenöle (z.B. Sonnenblumenöl, Rapsöl)

Frau Doktor Grünzahn schlägt das große Buch auf und zeigt Lena und Mama Ela Bilder von Lebensmitteln, die unsere Zähne stärken. Sie liest vor:

„Lebensmittel, die Kalzium enthalten, wie Rohmilch oder aus Rohmilch hergestellter Käse, stärken unsere Zähne. Besonders wichtig für die Zahnmineralisierung sind auch die fettlöslichen Vitamine A, D und K2. Diese sind vor allem in tierischem Fett und Innereien enthalten. Vitamin K2 findet sich auch in milchsauer vergorenen Lebensmitteln wie Sauerkraut. Zusammen helfen diese drei Vitamine, dass Kalzium in die Zähne eingebaut wird."

„Das wusste ich so nicht", meint Mama Ela, die bislang häufig Kuchen und Weißbrot für Lena gebacken hat, weil ihr das so gut schmeckt.

„Es ist zwar alles recht komplex, aber im Alltag gut umsetzbar", sagt Frau Doktor Grünzahn. „Damit alles gut im Körper ankommt, muss vor allem die Aufnahme im Darm gut funktionieren. Dabei helfen Milliarden winziger Bakterien. Entscheidend dabei ist, dass eine große Vielfalt guter Bakterien im Darm wohnen."

„Und wie kommen die dahin?", möchte Mama Ela wissen.

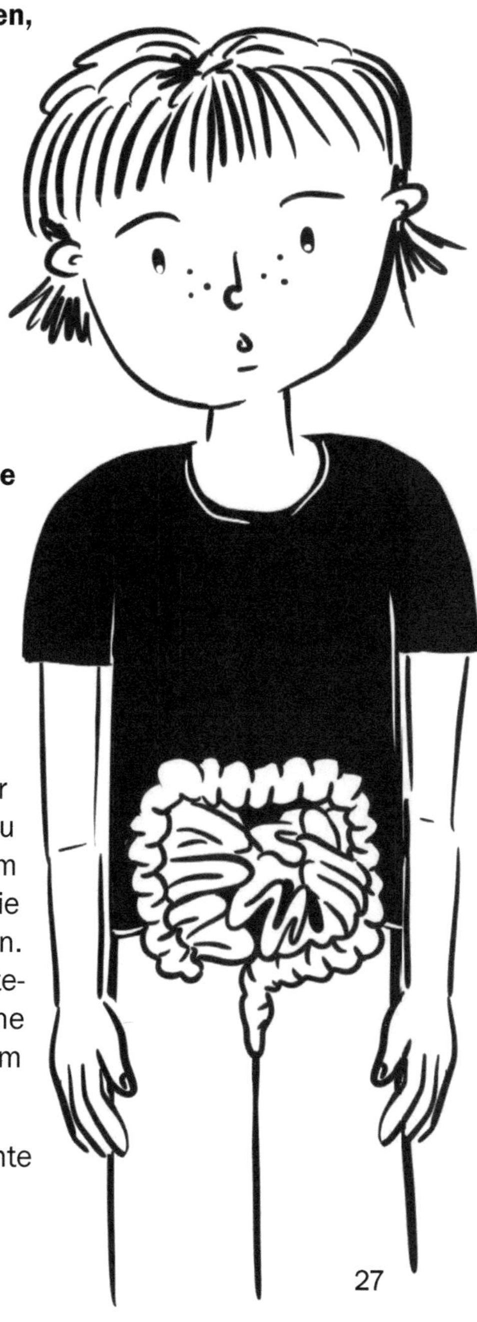

„Ganz einfach: Zum Beispiel über milchsauer vergorene Lebensmittel wie Sauerkraut. Man sagt auch ‚lebendiges Essen' dazu", erklärt Frau Doktor Grünzahn.

„Lebendiges Essen?", fragt Lena überrascht. „Mit kleinen Krabbeltieren drin?"

„Nein", lacht Frau Doktor Grünzahn. „Bakterien sind so winzig, dass man sie nicht sehen kann. Aber man kann sehen, wenn sie aktiv sind. Dann entsteht zum Beispiel Kohlensäure. Wie in Sprudelwasser. Lauter kleine Luftblasen. Und was diese Bakterien verarbeiten, schmeckt dann sauer. Deshalb nennt man sie auch Milchsäurebakterien. So wird Sauerkraut gemacht, oder Sauermilch. Man kann auch Tee fermentieren, oder Gurken. Eigentlich jedes Gemüse. Man muss es nur ein paar Tage in einer Salzlake stehen lassen. Dabei darf nichts herausschauen."

„Meine Oma hat das Sauerkraut immer selbst gemacht", erinnert sich Mama Ela. „Da kam ganz viel gehobeltes Kraut in ein Fass und ich habe es gestampft, bis der Saft rausgekommen ist. Meine Füße waren nämlich klein genug. Dann kam Salz dazu, und wenn der Krautsaft hoch genug stand, wurden ein rundes Brett und ein schwerer Stein daraufgelegt, um alles nach unten zu drücken."

Lena hört Mama mit großen Augen zu. „Ist das Sauerkraut dann nicht dreckig geworden?", möchte sie wissen.

„Nein", lacht Mama Ela. „Natürlich wurden meine Füße vorher sauber geschrubbt. Wir können zu Hause auch mal Sauerkraut machen. Vielleicht nicht ein ganzes Fass voll, aber ein paar Gläser? So schwer ist das eigentlich nicht. Und wenn es so gesund ist, lohnt sich die Arbeit."

„Prima", nickt Frau Doktor Grünzahn. „Viel von dem Wissen und den Techniken, mit dem sich unsere Vorfahren zahngesund ernährt haben, ist in Vergessenheit geraten. Umso besser, wenn man noch etwas davon mitbekommen hat."

Anleitung zum Fermentieren

Du brauchst:

• Einmachgläser

• Waage

• Gemüse: zum Beispiel Karotten, Gurken, rote Beete, Zwiebeln, Knoblauch, Paprika oder geraspelter Weißkohl

• Wasser

• Salz

So geht's:

1. Reinige die Gläser ordentlich mit warmem Wasser und etwas Essig.

2. Putze das Gemüse und schneide es beliebig zurecht.

3. Wiege das Gemüse, um die richtige Menge Salz auszurechnen: Es werden zwei Prozent vom Gewicht des Gemüses an Salz hinzugefügt. Dabei kann dir auf jeden Fall jemand helfen!

4. Stopfe das Gemüse fest in ein Glas, gib das Salz dazu und fülle es mit sauberem Wasser auf. Achte darauf, dass möglichst keine Gemüseteile aus der Flüssigkeit herausschauen. Das kann man erreichen, indem man fest stopft oder das Gemüse mit einem Gewicht nach unten drückt.

5. Und jetzt heißt es nur noch abwarten. Wenn du Einmachgläser mit Gummi und Klammern oder einen Behälter mit Gäraufsatz benutzt, können die Gase einfach entweichen. Dann brauchst du zwei bis drei Tage nichts zu tun. Verwendest du aber ein Marmeladenglas mit Schraubverschluss, musst du den Deckel einmal am Tag öffnen, um die Gase entweichen zu lassen. Wenn du das nicht machst, kann es passieren, dass der Inhalt überläuft oder die Gläser sogar platzen.

6. Koste regelmäßig mit einer sauberen Gabel. Sobald du mit dem Säuregehalt zufrieden bist, kannst du das Glas in den Kühlschrank stellen.

„Hier ist noch eine besonders wichtige Stelle im Buch", sagt Frau Doktor Grünzahn und liest vor:

„Unsere Zähne benötigen Eiweiß, Mineralien und ausreichend fettlösliche Vitamine, um gut versorgt zu werden. Der Speichel besteht aus Wasser und vielen hilfreichen Mineralien, die dafür sorgen, dass die Zähne nach jeder Mahlzeit mit Mineralien umspült werden. So werden jene Mineralstoffe ersetzt, die durch den Säurekontakt aus dem Essen und den Getränken verlorengegangen sind."

„Und wie genau funktioniert das?", möchte Mama Ela wissen.

„Damit der Speichel die Zähne gesund erhalten kann, müssen wir uns ausreichend mit guten Mineralien und Vitaminen ernähren", erklärt Frau Doktor Grünzahn. „Es ist auch wichtig, zu wissen, dass Mineralien und Vitamine nur als Team gut zusammen funktionieren. Das ist wie beim Fußball: Wenn ein Spieler fehlt, hat die Mannschaft es sehr schwer, zu gewinnen. Genauso verhält es sich mit den Vitaminen und den Mineralien: Sie brauchen einander, um möglichst gut zu funktionieren. Fehlt ein Mineral oder Vitamin, können die anderen nicht wie gewünscht arbeiten, um die Zähne gut zu schützen."

Lena spielt seit einiger Zeit Mädchenfußball und kennt sich deshalb mit Fußball gut aus. Das mit dem Team kommt ihr bekannt vor, denn neulich hatte sich ihre Freundin Petra den Fuß verletzt und konnte deshalb nicht mitspielen. Kein Wunder, dass sie damals verloren haben.

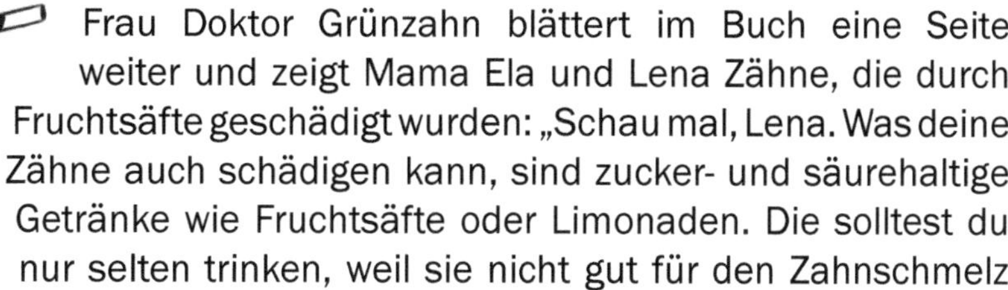

Frau Doktor Grünzahn blättert im Buch eine Seite weiter und zeigt Mama Ela und Lena Zähne, die durch Fruchtsäfte geschädigt wurden: „Schau mal, Lena. Was deine Zähne auch schädigen kann, sind zucker- und säurehaltige Getränke wie Fruchtsäfte oder Limonaden. Die solltest du nur selten trinken, weil sie nicht gut für den Zahnschmelz

FISCH
KÄSE
EIER
WEIDEMILCH
Milch
Yoghurt
BUTTER
BUTTER
FLEISCH
JOGHURT
EIWEIß
MINERALIEN
VITAMINE
32

sind. Zusätzlich rauben der Zucker und die Säure wichtige Mineralstoffe wie Kalzium und Magnesium."

Lena legt den Kopf schief. „Aber süße Sachen schmecken schon gut ...“

„Da du ja jetzt schon Karies hattest, wäre es am besten, wenn du eine Zeitlang auf Süßigkeiten, Müsli, Kuchen, Brot und Nudeln weitgehend verzichtest, damit sich deine Zähne erstmal wieder stärken können. Denkst du, du kannst das schaffen?“

Lena blickt in Mamas Richtung. „Dafür essen wir dann andere leckere Sachen, oder?“

„Bestimmt. Die Frage ist nur: Was?“, sagt Mama Ela und runzelt die Stirn.

„Vielleicht kann deine Mutter Brot mit Sauerteig backen, wenn ihr doch einmal Brot essen wollt. Damit wird Getreide am bekömmlichsten.“

„Das klingt, als könnte es ein bisschen aufwendig werden“, sagt Mama nachdenklich. „Aber das lernen wir schon. Immer wieder zum Bohren gehen zu müssen, ist auf Dauer auch nicht schön.“

Frau Doktor Grünzahn fährt fort: „Wenn deine Zähne wieder durch Mineralien und Vitamine gestärkt sind, kannst du natürlich hin und wieder nach den Hauptmahlzeiten eine Leckerei naschen. Das halten deine Zähne dann aus.“

„Vielen Dank für die wertvollen Tipps!", sagt Mama Ela. „Ich möchte zwar am liebsten gleich alles so schnell wie möglich umsetzen, aber wie genau mache ich das?", fragt sie vorsichtig.

„Ich gebe euch gerne zusätzlich noch ein paar Rezeptideen mit, damit ihr gleich loslegen könnt", bietet Frau Doktor Grünzahn an.

„Super, und beim Kochen möchte ich unbedingt mithelfen, damit meine Zähne schnell wieder stark werden. Ich möchte ja auch bald wieder Schokokekse essen dürfen!", ruft Lena.

„Das wirst du, Lena, da bin ich mir ganz sicher", antwortet Frau Doktor Grünzahn und lacht. „Aber besser nur ab und zu."

Frau Doktor Grünzahn sucht in ihrem Buch ein paar Rezepte heraus und macht davon Kopien.

„Im Regionalblatt steht, bei welchen Hofläden es in der Region Rohmilch und frische Eier zu kaufen gibt", meint sie dann. „Es kann am Anfang etwas gewöhnungsbedürftig sein, aber ihr werdet schnell merken, wie die Nahrung eurem Körper guttun wird", ist Frau Doktor Grünzahn überzeugt.

Lena und Mama Ela nicken und Lena krabbelt vom Behandlungsstuhl wieder runter.

„Bei Wolli an der Anmeldung bekommst du noch einen Kontrolltermin in sechs Monaten. Da schauen wir uns dann deine Zähne wieder ganz genau an. Ich bin gespannt, wie stark sie bis dahin geworden sind. Du kannst dir bei Wolli auch noch was aus unserer Spielzeugkiste aussuchen", sagt Frau Doktor Grünzahn.

„Tschüss, Frau Doktor Grünzahn", sagt Lena und läuft zur Anmeldung, wo Wolli schon auf sie wartet. Sie sucht sich ein kleines, weißes Spielzeugpferd aus.

Mama Ela bedankt sich bei Frau Doktor Grünzahn noch einmal und geht dann auch zur Anmeldung. Dort bekommt sie von Wolli einen kleinen Zettel, auf dem der neue Termin steht.

„Bis zum nächsten Mal", sagt Wolli.

„Tschüss Wolli", verabschieden sich die beiden und verlassen die Praxis.

„Mama, wir müssen jetzt gleich die gesunden Sachen einkaufen, von denen uns Frau Doktor Grünzahn erzählt hat", ruft Lena aufgeregt.

„Ja, das machen wir", antwortet Mama Ela.

Sie gehen direkt zu einem Bio-Markt in der Nähe und schauen sich nach den Lebensmitteln um, die sie für das erste Rezept benötigen. Sie haben sich für eine nahrhafte Knochenbrühe entschieden. Dafür kaufen sie Markknochen, Gelenkknochen und Apfelessig. Lena staunt, was ihre Zähne benötigen, um stark zu werden.

Dann fahren sie noch zum nächstgelegenen Bauernhof, denn Mama Ela möchte Lena einen richtigen Hofladen zeigen. Dort besorgen sie frische Bio-Eier und zwei Flaschen Rohmilch.

Als Lena und Mama Ela zu Hause sind, machen sie sich gleich ans Kochen.

Mama Ela setzt außerdem einen Rohmilch-Kefir für Lena an, damit auch ihr Darm langsam gestärkt wird. Dafür hat sie Kefirknollen gekauft, die für 24 Stunden in die Milch eingelegt werden.

„Ein kleines Gläschen Kefir am Tag ist ein super Anfang", liest Mama Ela vor.

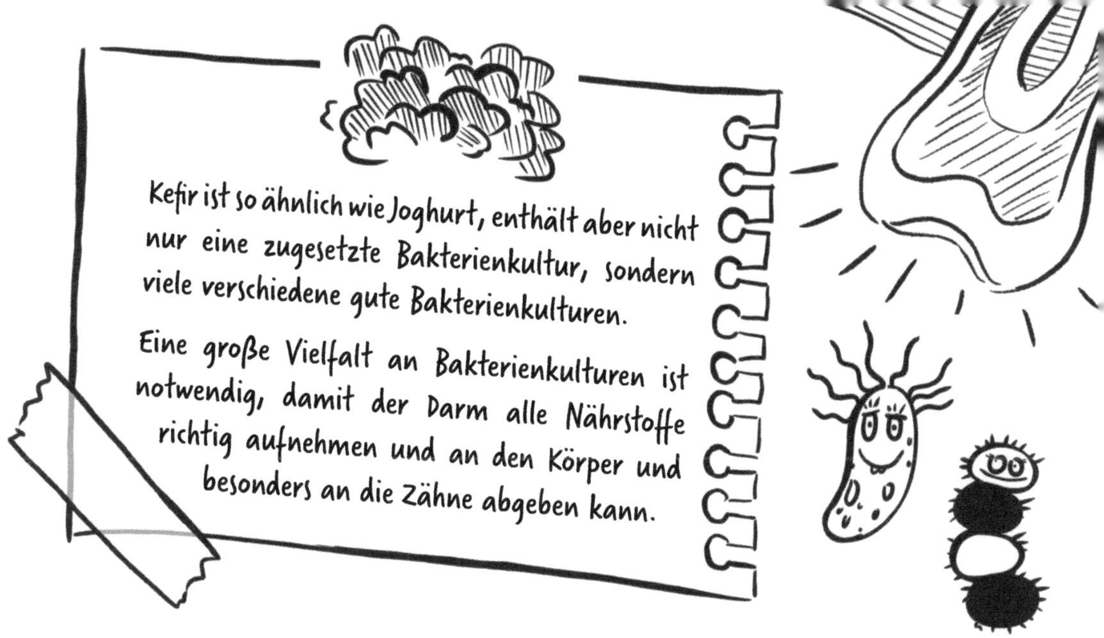

Kefir ist so ähnlich wie Joghurt, enthält aber nicht nur eine zugesetzte Bakterienkultur, sondern viele verschiedene gute Bakterienkulturen.

Eine große Vielfalt an Bakterienkulturen ist notwendig, damit der Darm alle Nährstoffe richtig aufnehmen und an den Körper und besonders an die Zähne abgeben kann.

Lena und Mama haben riesigen Spaß dabei, all die neuen Rezepte auszuprobieren. Schon im Supermarkt hat Mama Ela Lena gezeigt, welche speziellen Hinweis-Zeichen auf den Lebensmitteln sein müssen, um sicher sein zu können, dass diese biologisch und ökologisch hergestellt wurden.

Biologisch und ökologisch hergestellt bedeutet, dass bei der Erzeugung und Verarbeitung der Nahrungsmittel keine synthetisch-chemischen Pflanzenschutzmittel oder andere künstlich hergestellten Mittel benutzt wurden. Außerdem zeigen diese Siegel, dass alle Tiere regelmäßig nach draußen ins Freie durften.

6 Monate später

Heute steht der Kontroll-Termin bei Frau Doktor Grünzahn und Wolli an. Lena und Mama Ela sind sehr gespannt, was Frau Doktor Grünzahn sagen wird.

In der Praxis begrüßt Wolli die beiden mit einem freudigen Lächeln: „Hallo ihr beiden! Ihr könnt direkt mit mir ins Behandlungszimmer kommen. Frau Doktor Grünzahn wartet schon auf euch."

„Das machen wir, Wolli", antwortet Mama Ela.

Mama Ela und Lena folgen Wolli ins Behandlungszimmer.

„Hallo Lena! Wie geht es dir und deinen Zähnen?", begrüßt sie Frau Doktor Grünzahn.

„Mir geht's sehr gut und ich glaube, meinen Zähnen geht es auch wieder gut. Ich habe kein neues Loch in meinem Mund entdeckt."

„Das klingt ja super. Na, dann hüpf mal auf den Stuhl und wir schauen uns deine Zähne an."

„Wir haben fleißig gekocht", erzählt Mama Ela. „Es war schon ein bisschen Arbeit und nicht alles hat gleich so gut geklappt. Unser erstes Sauerteigbrot war so hart wie Stein, aber trotzdem lecker", lacht sie.

„Habt ihr auch den Lebertran ausprobiert?", möchte Frau Doktor Grünzahn wissen.

„Ja, obwohl der am Anfang schon etwas gewöhnungsbedürftig war", sagt Mama Ela.

„Oh ja, das stimmt", ruft Lena. „Aber ich habe mir einfach die Nase zugehalten beim Runterschlucken", lacht sie. „Nach einiger Zeit brauchte ich das dann nicht mehr."

Lebertran enthält die Vitamine A und D. Diese helfen dem Körper, Mineralstoffe in die Zähne einzubauen.

„Wir besuchen nun regelmäßig einen Bauernhof", berichtet Mama Ela weiter. „Jetzt wissen wir genau, wo unsere Rohmilch und die Eier herkommen, die wir seit dem letzten Zahnarztbesuch kaufen."

„Das klingt alles hervorragend!", freut sich Frau Doktor Grünzahn. „Dann mach bitte mal deinen Mund ganz weit auf, damit ich mir deine starken Zähne anschauen kann."

Lena öffnet den Mund und Frau Doktor Grünzahn überprüft Lenas Zähne ganz genau.

„Super sehen deine Zähne aus, Lena. Ich bin begeistert!", lobt Frau Doktor Grünzahn. „Da hat sich die zahngesunde Ernährung richtig gelohnt. Weiter so und dann sehen wir uns in sechs Monaten wieder."

„Wie schön. Ich bin ganz erleichtert und dankbar für Ihre Hilfe", sagt Mama Ela.

„Gern. Das ist genau der richtige Weg. Er wird Ihnen und Lena gesunde, starke Zähne bereiten. Ich wünsche euch noch einen wunderschönen Tag", antwortet Frau Doktor Grünzahn und verabschiedet sich von der Familie.

Mit einem fröhlichen Lächeln verlassen Lena und Mama Ela die Praxis von Frau Doktor Grünzahn und Wolli.

Wir hoffen, du hattest Spaß bei Frau Doktor Grünzahn
und Wolli in der Kinderzahnarztpraxis und freust dich
schon auf deinen nächsten Zahnarztbesuch.
Und nun wünschen wir euch ganz viel Freude beim
Nachkochen der Rezepte!
Und natürlich gesunde,
starke Zähne!

Liebe Eltern!

Frau Doktor Grünzahn hat Ihnen in diesem Buch schon einige hilfreiche Tipps bezüglich der Zahnpflege und nährstoffreichen, zahngesunden Ernährung Ihrer Kinder gegeben.

Die Ernährung ist einer der wichtigsten Bausteine, um der Entstehung von Karies vorzubeugen. Wir vertiefen dieses wichtige Thema und geben Ihnen Informationen an die Hand, wie Sie eine zuckerarme und nährstoffreiche Ernährung in Ihren Alltag einbauen können, um Karies und anderen Zahnschäden vorzubeugen und sie, falls sie auftreten, sogar zu heilen.

Dabei haben Sie wahrscheinlich schon festgestellt, dass unsere Informationen in manchen Teilen von den gängigen Theorien und Empfehlungen heutiger Zahnmedizin abweichen. Echte Wissenschaft lebt davon, zu forschen und Dogmen in Frage zu stellen. Unsere persönlichen Erfahrungen und unbefriedigende Resultate moderner Ansätze haben uns veranlasst, weiterzusuchen und Neues „Altes" auszuprobieren. Auf diese Reise wollen wir Sie mitnehmen, um Zahngesundheit neu zu denken und dauerhaft zu erlangen.

Bakterien sind nach unserer Recherche nicht der Auslöser von Karies. Sie kommen vielmehr als Nutznießer ins Spiel, wenn das biochemische und mikrobielle Gleichgewicht im Körper und somit auch im Mund gestört ist. In diesem Zusammenhang ist für gewöhnlich das Kalzium-Phosphat-Verhältnis nicht im gesunden Bereich.

In dieser Situation kann der Körper die Zähne durch den Speichel nicht mehr ausreichend mineralisieren. Der Fluss der Zahnlymphe, der von innen über kleinste Dentinkanäle den Zahn spült, kann sich umkehren oder sogar zum Erliegen kommen. Dadurch wird der Zahn anfälliger gegenüber Säuren und es kommt zum Mineralstoffverlust.

Um das Gleichgewicht wiederherzustellen, ist eine Zufuhr wichtiger Vitamine, Mineralstoffe und Aminosäuren notwendig.

Genauso bedeutend ist eine gesunde Darmflora, die in der Lage ist, gut zu verdauen und die Nahrung so weit aufzuspalten, dass alle Nährstoffe in benötigter Menge aufgenommen werden können.

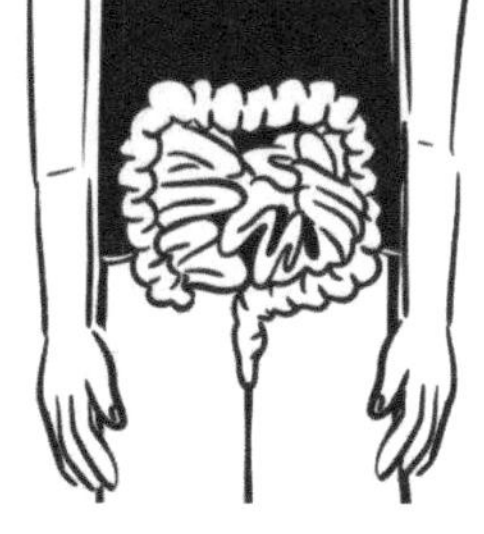

Substanzen, die das biochemische Gleichgewicht und/oder die Darmflora stören, sollten gemieden werden. Dazu gehören Zucker und größere Mengen an süßen Lebensmitteln (egal, wie natürlich der Zucker ist, es führt kein Weg am Entzug von Süßem vorbei).

Wir empfehlen den Blick auf folgende Umstände:

• **Auch in Produkten, die als zuckerfrei gekennzeichnet sind, kann Zucker stecken.**

• **Kinder unter einem Jahr sollten allgemein keine Nahrungsmittel mit zugesetztem Zucker erhalten. Süße Lebensmittel sollten nicht über den ganzen Tag verteilt gegessen werden, um das Gleichgewicht des pH-Wertes im Mund nicht zu stören, und weil der Körper jedes Mal Kalzium mobilisieren muss, um den Zuckerspiegel im Blut zu regulieren.**

• **Wenn es schon süß sein muss, dann am besten richtiger Zucker wie z.B. echter Honig, denn der enthält Enzyme und Vitamine und kann zusätzlich antibakteriell wirken. Ein maßvoller Umgang ist der Schlüssel.**

• **Zuckerersatzstoffe, künstliche Hormone und Antibiotika, Pestizide und verschiedene Lebensmittelzusätze haben in gesunder Nahrung nichts zu suchen.**

Unsere Vorfahren haben es schon richtig gemacht: Traditionelle Ernährungsweisen sind darauf ausgerichtet, für eine maximale Nährstoffzufuhr zu sorgen, die Verdauung zu unterstützen und gleichzeitig den Anteil ungünstiger Stoffe so gering wie möglich zu halten.

Der amerikanische Zahnarzt und Ernährungswissenschaftler Dr. Weston A. Price reiste in den 1930er Jahren in verschiedene

Länder und untersuchte dort traditionell lebende Völker, deren Ernährungsgewohnheiten und Lebensmittel. Er stellte fest, dass Zähne und Knochen der Ureinwohner, die sich traditionell ernährten, gesund und stabil waren. Karies und Zahnengstand kamen praktisch nicht vor.

In traditionellen Kulturen enthielt die Ernährung laut den Analysen von Weston Price mindestens zehnmal so viele Mineralstoffe und fettlösliche Vitamine wie bei den sich modern ernährenden Amerikanern und weißen Siedlern von damals, mit deren Nahrung er die traditionelle Kost verglich.

Dort gab es keine industriell verarbeiteten Lebensmittel. Getreide, Gemüse und Obst wurden selbst angebaut und verarbeitet. Tiere wurden selbst gehalten und geschlachtet oder gejagt. Tierische Lebensmittel wurden hochgeschätzt. Daher wurde das ganze Tier gegessen, inklusive der Innereien.

Aus den Knochen wurde Knochenbrühe gekocht. Man wusste, wie man Lebensmittel haltbar machen und dabei sogar den Gehalt an verfügbaren Nährstoffen erhöhen konnte. Man nutzte außerdem Methoden, um Getreide leicht bekömmlich zu machen.

In der sogenannten „westlichen Welt" sah es ganz anders aus. Aufgrund industriell verarbeiteter, nährstoffarmer Nahrung wie Weißbrot, Marmelade und Margarine und dem Verlust von traditionellen Fertigkeiten und Wissen wurden die Menschen anfälliger für diverse Krankheiten. Ihre Zähne wurden häufiger kariös. Es kam zu Zahn- und Kieferfehlstellungen und zu einer Anfälligkeit für sogenannte Zivilisationskrankheiten.

Für eine robuste Gesundheit sind naturbelassene, nährstoffreiche Lebensmittel und das Wissen, sie richtig zuzubereiten, der Ausgangspunkt. Nur dann hat der Körper die passenden Bausteine, um sich selbst zu heilen und widerstandsfähig zu sein.

In unserer modernen Gesellschaft gibt es kaum noch darmgesunde Menschen. Daher kann man nicht oft genug betonen, wie essenziell eine gesunde Darmflora und Verdauung sind. Nur einem gesunden Darm ist es möglich, Nährstoffe ausreichend aufzunehmen.

Man kann sich noch so gesund ernähren: Wenn der Darm nicht gesund ist, kann der Körper die Nährstoffe nicht richtig aufnehmen und die Karies nicht heilen.

Will man den Darm unterstützen, helfen fermentierte Lebensmittel, Knochenbrühe und ein sehr eingeschränkter Konsum von natürlich süßen und zuckerhaltigen Lebensmitteln. Zucker füttert förmlich den Candida im Darm – einen Pilz, der nicht zu einer gesunden Darmflora gehört.

Tipp: Liegen Allergien, Unverträglichkeiten, chronische Hautkrankheiten oder Autoimmunkrankheiten vor, kann es sein, dass eine traditionelle Ernährung nicht ausreicht und weitere Maßnahmen notwendig werden. Dazu gehört zum Beispiel eine Ausschlussdiät wie die „GAPS-Diät" oder das Autoimmunprotokoll.

Die Wahl der Lebensmittel

Woher bekommt man nährstoffreiche Lebensmittel? Herkunft und Qualität unserer Lebensmittel spielen eine wichtige Rolle!

Verwenden Sie – wo immer es möglich ist – tierische Lebensmittel, die aus Freiland- oder Weidehaltung stammen, und biologisch angebautes Obst und Gemüse von zertifizierten Bio-Bauern. Wählen Sie am besten saisonale Lebensmittel aus Ihrer Region.

Produkte mit dem sechseckigen Bio-Siegel haben Bioqualität. (Nahezu) 100 Prozent Bio sind Produkte mit dem Zusatzsiegel eines Anbauverbandes wie Demeter oder Bioland. Hier gehen die Kriterien sogar deutlich über die gesetzlichen Mindestanforderungen für Bioprodukte hinaus.

Es gibt mittlerweile viele Bio-Bauern, die in ihren anliegenden Hofläden verschiedene Produkte aus eigener Herstellung sowie Lebensmittel von anderen Bauern aus der Umgebung verkaufen, um eine breite Auswahl bieten zu können. Da das Bio-Siegel teuer ist, kann man oft auch Produkte, die zwar nicht bio-zertifiziert sind, aber dennoch Bio-Qualität haben, beim Bauern zu günstigeren Preisen bekommen.

So die Möglichkeit besteht, ist es immer eine gute Alternative, eigenes Obst und Gemüse anzubauen und selbst Nutztiere wie z.B. Hühner zu halten.

Das Mikrobiom

Im Mundraum wohnen viele verschiedene Bakterienarten. Diesen Zusammenschluss verschiedener Bakterien nennt man „Mikrobiom".

Je gesünder der Mensch, desto gesünder ist auch sein Mikrobiom, also jene Bakterien, die auf und in ihm wohnen. Unser Körper braucht diese Bakterien, um Gesundheit und Verdauung im Gleichgewicht halten zu können.

Ist das Milieu im Mund im Ungleichgewicht, fühlen sich Kariesbakterien (Streptococcus mutans) und Bakterien, die unschöne färbende Beläge hinterlassen, sehr wohl und vermehren sich.

Auch im Darm findet sich ein Darm-Mikrobiom, der Zusammenschluss zahlreicher (Ur-)Bakterien, Pilze und Viren.

Unser Speichel

Unser Speichel besteht zu 99 Prozent aus Wasser, zu 1 Prozent aus sogenannten „Muzinen", den Schleimstoffen, sowie aus Proteinen, Enzymen, Mineralsalzen und Immunglobulinen.

Der Speichel hat nicht nur die Aufgabe, die Zähne zu umspülen. Er bildet auch eine Abwehr gegen unerwünschte Bakterien, Viren und Pilze und kann sogar Säuren neutralisieren. Außerdem ist es seine ständige Aufgabe, unsere Zähne zu remineralisieren. Das heißt, er hilft dabei, Mineralstoffe wie Kalzium und Phosphat wieder einzulagern, die dem Zahn durch Säuren entzogen wurden.

Deshalb ist es wichtig, zwischen den Hauptmahlzeiten Frühstück, Mittagessen und Abendbrot nur ein bis zwei Zwischenmahlzeiten zu sich zu nehmen oder ganz darauf zu verzichten. Das fällt leichter, wenn durch eine Hauptmahlzeit mit reichlich Fett eine lange Sättigung erreicht wird (im Gegensatz zu einer kurzen Sättigungsphase durch Kohlenhydrate).

Die sogenannten essfreien Zeiten sind sehr wichtig, denn nur so können sich die Zähne erholen und der Speichel kann seine Mineralien in Ruhe wieder an die Zähne abgeben. Die intensivste Regeneration findet nachts statt.

Sie könnten zum Beispiel einen Tag in der Woche bestimmen, an dem Süßes gegessen werden darf. Früher war es üblich, dass es Süßigkeiten nur zu Ostern, Weihnachten und wenigen anderen besonderen Anlässen gab.

Es lohnt sich durchaus, mit etwas Abstand auf unsere heutigen Gewohnheiten zu schauen und zu überlegen: Müssen wir das tatsächlich so machen? Können wir daran vielleicht etwas ändern? Wenn Sie bewusst mit zuckerhaltigen Mahlzeiten umgehen, hilft das Ihnen und Ihrem Kind schon sehr viel bei der Kariesvermeidung.

Süße Mahlzeiten sind in der heutigen Zeit etwas schwerer zu vermeiden, doch es kann durchaus funktionieren, wenn man bewusst einkauft und feste Gewohnheiten schafft. Kinder lernen von Vorbildern. Wenn wir selbst als Eltern keine Süßigkeiten essen, werden es unsere Kinder auch nicht wollen. Anders gesagt: Wenn es zu Hause keine industriellen Süßwaren gibt, kann man sie auch nicht essen.

Schwieriger wird es in der Fremdbetreuung, im Kindergarten, bei Oma und Opa oder auf Kindergeburtstagen. Deshalb ist es umso wichtiger, zu Hause nahrhafte und unverfälschte Lebensmittel zu verwenden. Sprechen Sie mit den Betreuungspersonen und bieten Sie Alternativen an. Anregungen finden Sie in den Rezeptideen.

Wenn dann doch mal Zuckerhaltiges auf dem Speiseplan steht, ist es ratsam, dieses als Nachtisch einer Hauptmahlzeit anzubieten und innerhalb einer halben Stunde aufessen zu lassen. Danach ist es wichtig, die Zähne zu reinigen und eine essensfreie Phase bis zur nächsten Hauptmahlzeit folgen zu lassen.

Nach dem Essen säurehaltiger Speisen (säurehaltige Lebensmittel sind zum Beispiel Zitrusfrüchte, Säfte, Limonaden und Essig) sollte 30 bis 60 Minuten mit dem Zähneputzen gewartet werden. Der Zahnschmelz, der jetzt durch die Säure empfindlicher ist, kann sonst durch das Putzen weiter geschädigt werden. Am besten man spült nach säurehaltigen Lebensmitteln mit Wasser nach.

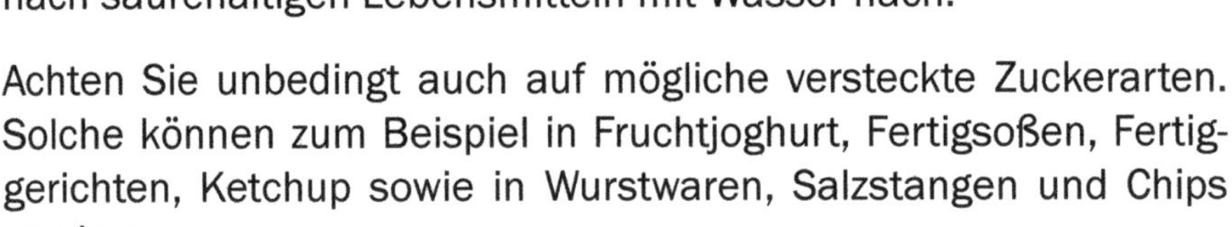

Achten Sie unbedingt auch auf mögliche versteckte Zuckerarten. Solche können zum Beispiel in Fruchtjoghurt, Fertigsoßen, Fertiggerichten, Ketchup sowie in Wurstwaren, Salzstangen und Chips stecken.

Kreidezähne oder MIH

Im Falle einer Anomalie des Zahnschmelzes wie zum Beispiel der bekannten MIH (Molaren-Inzisiven-Hypomineralisation) – auch Kreidezähne genannt, weil diese brüchig sind – sind die Zähne nicht ausreichend mineralisiert.

Bei Milchzähnen sind die oberen Schneidezähne am stärksten betroffen. Im bleibenden Gebiss sind es oft die Schneidezähne und die ersten Backenzähne. Die Zähne sind allgemein anfälliger und meist brüchig. Sie sehen weißlich/gelblich verfärbt aus und sind oft schmerzempfindlich. In so einem Fall sollte man abwägen, ob diese Zähne von einem Zahnarzt versorgt werden müssen oder ob der Verfall mit einer konsequenten Ernährung gestoppt werden kann.

Es wird von mehreren Ursachen gesprochen, die eine MIH begünstigen. MIH ist oft die Folge eines Nährstoffmangels, wie es auch bei einer Karies der Fall ist. Meist hat die Mutter bereits in der Schwangerschaft einen Vitamin D-Mangel, sodass das Kind nicht richtig mit Vitamin D versorgt werden kann. Weitere Ursachen können Schwierigkeiten bei der Geburt und Medikamente oder Umweltgifte sein. Eindeutige Belege gibt es hierfür allerdings nicht!

Eine durchgehende Beobachtung ist jedoch, dass Schmelzdefekte in Verbindung mit einer suboptimalen Verdauung und einer beeinträchtigten Darmflora stehen. Nährstoffmangel entsteht, indem der Darm die Nährstoffe nicht ausreichend aufnimmt, was sich dann am mangelhaften Aufbau der Zähne zeigt.

Das kann nach Behandlungen mit Antibiotika auftreten, aber auch, wenn das Kind schon bei der Geburt eine beeinträchtigte Darmflora von der Mutter bekommen hat. Auch kann ein Zusammenhang mit Medikamenten beobachtet werden, wie solchen, die zur Behandlung von Mundsoor eingesetzt werden. Pestizide, die eine antibiotische Wirkung haben, stehen ebenfalls im Verdacht.

Wie werden Kreidezähne beim Zahnarzt behandelt?

Zahnärzte empfehlen oft eine Versiegelung der Fissuren, damit empfindliche Zähne besser geschützt werden. Dabei werden Fluoridlacke verwendet oder Kinderkronen hergestellt, wenn die Zähne stark betroffen sind.

Lässt sich keine Füllung oder Zahnkrone mehr anpassen, weil der Zahn bereits zu stark zerstört oder zu weich ist, werden die betroffenen Zähne gezogen. Unter Umständen führen Kinderzahnärzte solche Eingriffe in Vollnarkose durch und behandeln dabei alle betroffenen Zähne auf einmal.

Kreidezähne wieder stabilisieren: Ursache beheben statt Symptome bekämpfen

Wie wir schon beschrieben haben, sind Zahndefekte – zumindest zum Teil – das Ergebnis einer Fehlernährung. Oft hat diese schon bei der Mutter oder Großmutter des Kindes begonnen und hat deren Mikrobiom geprägt und geschädigt.

Hier ist es wichtig, Ernährung und Darmgesundheit zu prüfen und zu verbessern, damit der Speichel seine Aufgabe, den Zahnschmelz zu mineralisieren, wieder erfüllen kann. Leider kann der Speichel nur das remineralisieren, was noch nicht so fortgeschritten entkalkt ist, dass es nicht mehr repariert werden kann.

Man muss damit rechnen, dass der Verfall trotz entsprechender Maßnahmen noch ein paar Wochen weitergeht, weil wegbrechen kann, was bereits zu stark geschädigt ist. Je ausgeprägter die Mangelsituation war, desto länger kann es dauern, bis der Körper wieder ein Plus im Nährstoffhaushalt hat und Wiederaufbau betreiben kann.

Kariesstopp bei Schmelzdefekten an Milchzähnen

Die Frage, die man sich unweigerlich stellt, wenn man Zahnprobleme alternativ angeht: Funktioniert es überhaupt?

Aktive Karies sieht gewöhnlich hell aus. Fast zahnfarben, weiß, hellgelb oder hellbraun.

Wenn der Verlust von Zahnsubstanz aufgehalten wird, weil durch den Speichel wieder Mineralstoffe eingelagert werden, färben sich die betroffenen Stellen dunkel. Die Entwicklung geht innerhalb von Monaten über braun hin zu schwarz. Wenn es ästhetisch bergab geht, geht es also bei der Mineralisierung bergauf.

Sobald der Körper wieder in ein Nährstoffplus kommt, kann man nach etwa einem halben Jahr eine deutliche Verdunkelung erkennen. Nach ein bis zwei Jahren sind die Stellen dann schwarz. Eine Ausnahme bilden sehr oberflächliche Defekte. Sie bleiben eher braun.

Kariesstopp bei Schmelzdefekten an bleibenden Zähnen

Bleibende Zähne sollen möglichst bis zum Lebensende intakt bleiben, um sie einsatzfähig für die Kaufunktion zu erhalten. Hier ist es gut, den Schweregrad des Schmelzdefektes zu berücksichtigen

Bei stärkerer Schädigung (Braunfärbung, nicht vollständig angelegter Schmelz) sollte man lieber zügig eine restaurative zahnärztliche Behandlung in Anspruch nehmen. Der Schmelz ist dann wahrscheinlich schon zu weich und entmineralisiert, als dass der Speichel einen nennenswerten Substanzverlust verhindern könnte.

Anders ist es mit leichten Defekten, die sich als weiße Flecken oder Verfärbungen äußern. Solche befinden sich meist auf den bleibenden Schneidezähnen und sind in der Regel harmlos. Sie führen nicht zu einem weiteren Zahnverfall und werden im Laufe der Zeit durch die Mineralisierung des Speichels meist etwas unauffälliger.

Dentinkaries an Milchzähnen stoppen

Das klassische „Loch im Zahn" beginnt, wenn das Dentin unter dem Zahnschmelz entmineralisiert wird und verschwindet. Dabei entsteht ein Hohlraum, der zunächst von außen entweder gar nicht oder nur schwer zu sehen ist.

Erst, wenn der Verfall weiter fortgeschritten ist, bricht der Schmelz über dem Hohlraum ein und für den Betrachter scheint es so, als sei plötzlich über Nacht ein Loch entstanden. Auf dem Röntgenbild wird eine solche Entwicklung schon viel früher sichtbar.

Bei einer solchen Karies ist es schwer zu beurteilen, wie sie gestoppt werden kann. Obere Bereiche können durch die Aktivität des Speichels schwarz sein, während in der Tiefe das Loch noch größer wird. Oft machen solche Löcher bis zum Zahnwechsel aber nie Schmerzen.

Bei großen Löchern und abhängig davon, wie gut sich die Nährstoffversorgung verbessern lässt, kann ein Milchzahn aber auch irgendwann zu schmerzen beginnen und absterben. Ob die Karies gestoppt wurde, lässt sich am besten im Röntgenbildvergleich erkennen.

Dentinkaries am bleibenden Zahn stoppen

Bleibende Zähne sind robuster und haben eine größere Dichte als Milchzähne. Hier lässt sich Dentinkaries recht zuverlässig mit den hier im Buch genannten Maßnahmen stoppen.

Die fragilste Zeit für diese Zähne ist die Zeit des größten Wachstums, also dann, wenn auch der Nährstoffbedarf am größten ist, zum Beispiel in der Kindheit, der Pubertät oder auch später in Schwangerschaft und Stillzeit. In diesen Phasen werden die meisten Nährstoffe gebraucht, daher tritt auch ein Mangel schneller ein.

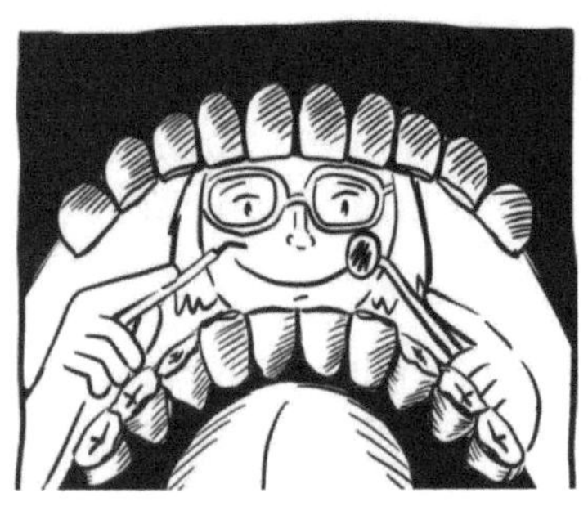

Besonders beobachten sollte man bleibende Zähne im ersten Jahr nach dem Durchbruch. Hier zeigt sich, ob die Erstmineralisierung durch den Speichel gut funktioniert, oder ob sich Verfärbungen in den Fissuren bilden. Solche können wieder verschwinden, jedoch kann daraus auch bei entsprechender Nährstoffsituation eine Karies entstehen.

Im Röntgenbildvergleich lässt sich am besten beurteilen, ob ein Kariesstillstand erreicht wurde. Ein Röntgenbild im Abstand von sechs bis neun Monaten zeigt, ob die Karies größer geworden ist oder nicht. Hat man einen Stillstand erreicht, lohnt es, diesen in größeren Abständen im Röntgenbild kontrollieren zu lassen.

Wie man weiter mit dem Loch verfährt, ist einem selbst überlassen. Bei größeren Löchern bricht irgendwann der Schmelz über dem Hohlraum ein. Das kann auch erst nach zehn Jahren passieren. Dann verhindert eine Füllung, dass Essen hängenbleibt.

Im Fall eines sehr großen Lochs kann sogar die Stabilität des Zahns gefährdet sein. Dann ist eine Füllung sinnvoll, um die Struktur des Zahns zu erhalten. Damit bei der Behandlung mit einem Bohrer nicht aus Versehen mineralisiertes Dentin entfernt wird, behandeln manche Zahnärzte auf Wunsch auch ohne zu bohren, indem sie die Karies wegkratzen. Das verhindert nicht nur unnötigen Verlust von Zahnsubstanz, sondern schützt auch den Nerv vor der hohen Umdrehungszahl des Bohrers.

Schmerzende Milchzähne

Nicht immer lässt sich ein Milchzahn retten. Wenn ein Zahn bereits Schmerzen macht, ist es leider oft absehbar, dass er nicht mehr allzu lange durchhalten wird.

Zahnärzte bieten verschiedene Behandlungen an, je nachdem, welchen Ansatz sie verfolgen. In früherer Zeit wurden Milchzähne, die stark geschädigt und im Absterben begriffen waren, aufgebohrt und offengelassen. So konnte der Eiter des toten Zahnnervs ablaufen und der abgestorbene Zahn verursachte keine Probleme mehr, außer dass regelmäßig Essensreste aus dem Zahn geputzt werden mussten. Der Zahnwechsel erledigte dann den Rest.

Gezogen wurde nur, wenn der Zahn durch anhaltende Entzündung Schwierigkeiten bereitete.

Auch heute noch gibt es Zahnärzte, die ein solches Vorgehen unterstützen. Andere Zahnärzte wiederum versuchen, einen solchen Zahn durch eine Füllung zu retten. Das verläuft mehr oder weniger erfolgreich. Oft stirbt der Zahn trotzdem ab, da er schon zu stark geschädigt ist und die Behandlung den Nerv zusätzlichem Stress ausgesetzt hat.

Zudem werden in der Zahnmedizin seit Kurzem Wurzelbehandlungen für Milchzähne angeboten. Ein teures Unterfangen mit nicht belegtem Nutzen.

In manchen Fällen wird auch dazu geraten, den Zahn zu ziehen und, wenn es sich um einen Backenzahn handelt, einen Platzhalter anfertigen zu lassen. Dieser kann sinnvoll sein, wenn wenig Platz im Kiefer ist. Die anderen Zähne können sich unter Umständen so verschieben, dass später ein bleibender Zahn nicht mehr genügend Platz hat, um durchzubrechen.

→ Kuriosität Milchzahnpolyp

Es kann vorkommen, dass Teile eines Milchzahns aufgrund von schlechtem Schmelz so weit abbröckeln, dass der Nerv freiliegt.

Man könnte annehmen, dass es dann zu Schmerzen kommt und der Zahn abstirbt. Das kann passieren, ist aber nicht unbedingt die Folge, zumindest nicht sofort. Der Zahn versucht, sich selbst zu helfen, und bildet in der Mitte einen runden, fleischfarbigen Hügel, einen sogenannten „Pulpapolyp".

Verletzt man den Polypen, zum Beispiel weil man Essensreste aus dem Zahn herausholen möchte, fängt er leicht zu bluten an. Schmerzen macht ein solcher Zahn nicht oder nur wenig.

Der Zahn stirbt ab – und jetzt?

Bei stärker geschädigten Milchzähnen kann es früher oder später dazu kommen, dass der Zahn abstirbt.

Treten beim Essen plötzliche Aufbissschmerzen auf und/oder regelmäßige Schmerzen am Abend, ist es wahrscheinlich, dass der Zahnnerv entzündet oder sogar schon im Absterben begriffen ist. Dieser Prozess kann ein paar Tage dauern oder auch in Intervallen stattfinden, mit längeren oder kürzeren schmerzfreien Abständen.

Wenn der Schmerz auftritt, ist er intensiv und führt in der Regel dazu, dass der Zahnarzt aufgesucht wird. Wie ein Zahnarzt vorgehen kann, haben wir bereits oben beschrieben. Gern werden bei akuten Schmerzen Antibiotika verschrieben und die Behandlung (Zahnziehen oder Wurzelbehandlung) wird auf später verschoben, wenn die Entzündung abgeklungen ist.

Aber was würde passieren, wenn man gar nichts macht und abwartet? Das ist zumindest gut zu wissen, selbst wenn man doch einer Behandlung zustimmt. Die Entzündung im Zahn, die durch das Absterben des Zahnnervs entsteht, wird vom Immunsystem erkannt und behandelt. Da totes Gewebe nicht im Körper bleiben soll, wird es von den Immunzellen verpackt und als Eiter ausgeschieden.

Die Bildung von Eiter dauert ein paar Tage. Wie bei einem Pickel ist erst der gesamte Bereich rot, schmerzhaft und entzündet, bis sich in der Mitte sichtbar der Eiter zu bilden beginnt und die Rötung in der Umgebung nachlässt. Bei einem Hautpickel ist der Weg nach draußen kurz. Von der Zahnwurzel aus ist er ein bisschen länger.

Aber auch da weiß sich der Körper zu helfen: Durch eine sogenannte „Fistel" schafft er einen Gang durch den Knochen nach draußen. Am Zahnfleisch des betroffenen Zahns entsteht eine schmerzhafte Rötung und Schwellung, in deren Mitte nach wenigen Tagen der

Eiter zu erkennen ist. Dieser beginnt abzulaufen, sobald die Fistel fertig ausgebildet ist. Dann lassen in der Regel auch die Schmerzen schlagartig nach.

Manche versuchen, diesen Prozess zu beschleunigen, indem sie die Eiterblase aufstechen. Oft läuft der Eiter aber bereits ab, ohne dass es ganz deutlich zu erkennen ist. Etwas zeitversetzt mit diesem Geschehen kann die Wange anschwellen. Diese Schwellung geht innerhalb von wenigen Tagen wieder zurück. Das geschieht auch ganz ohne Antibiotika, allein, weil der Körper den Entzündungsprozess begrenzt.

Ein Zahn kann auch ohne Fistelbildung absterben. Dann wird der Eiter unter dem Zahn wie bei einem reifen Pickel verpackt. Im Röntgenbild sieht man dann unter dem Zahn eine dunkle Stelle. Mit dem Zahnwechsel verschwinden dann der tote Zahn sowie alle Spuren des Dramas.

Also alles halb so schlimm? In den allermeisten Fällen schon. Zahnärzte haben allerdings vorwiegend die seltenen Fälle im Kopf, in denen der Körper es nicht schafft, die Sache selbst in den Griff zu bekommen.

Ist das Immunsystem schwach, kann es passieren, dass die Entzündung nicht ausreichend begrenzt wird. Das kann dazu führen, dass ein Abszess im Knochen entsteht, der dann nach außen in Richtung Haut wandert. Auch jetzt noch verfolgt der Körper sein Ziel, das Problem nach außen loszuwerden.

Noch seltener kommt es vor, dass sich ein Abszess in andere Körperregionen verirrt oder seinen Inhalt ins Blut streut. Eine Blutvergiftung mit anhaltendem Fieber als Symptom könnte dann die Folge sein. Allerdings brauchen solche Komplikationen einen sehr geschwächten Körper und treten entsprechend selten auf. Wenn man ein gesundes Kind vor sich hat, braucht man sich davor in der Regel nicht zu fürchten.

Hinweis: Lassen unklare Schmerzen nicht nach, ist zum Kindeswohl jedenfalls ärztliche Hilfe einzuholen.

Toter Milchzahn im Mund – harmlos oder gefährlich?

Ein abgestorbener Milchzahn verursacht keine Schmerzen mehr und eignet sich als unkomplizierter Platzhalter. Voraussetzung dabei ist, dass er nicht bereits so zerstört ist, dass kaum noch etwas von ihm übrig ist.

Zahnärzte schüren gerne die Angst, ein toter Milchzahn könnte die Anlage des bleibenden Zahns beschädigen. Warum diese Angst bedient wird, ist mir (Sarah Schmid) unbekannt. In der Begleitung meiner eigenen Kinder und als Betreuerin der Facebook-Gruppe „Kinderzähne heilen (Weston Price)" ist mir über die letzten Jahre ein einziger solcher Fall begegnet, wo möglicherweise der geschädigte Milchzahn zu einem oberflächlichen Schmelzdefekt an einem bleibenden Zahn geführt hat. Normalerweise brechen die bleibenden Zähne ohne Schaden durch.

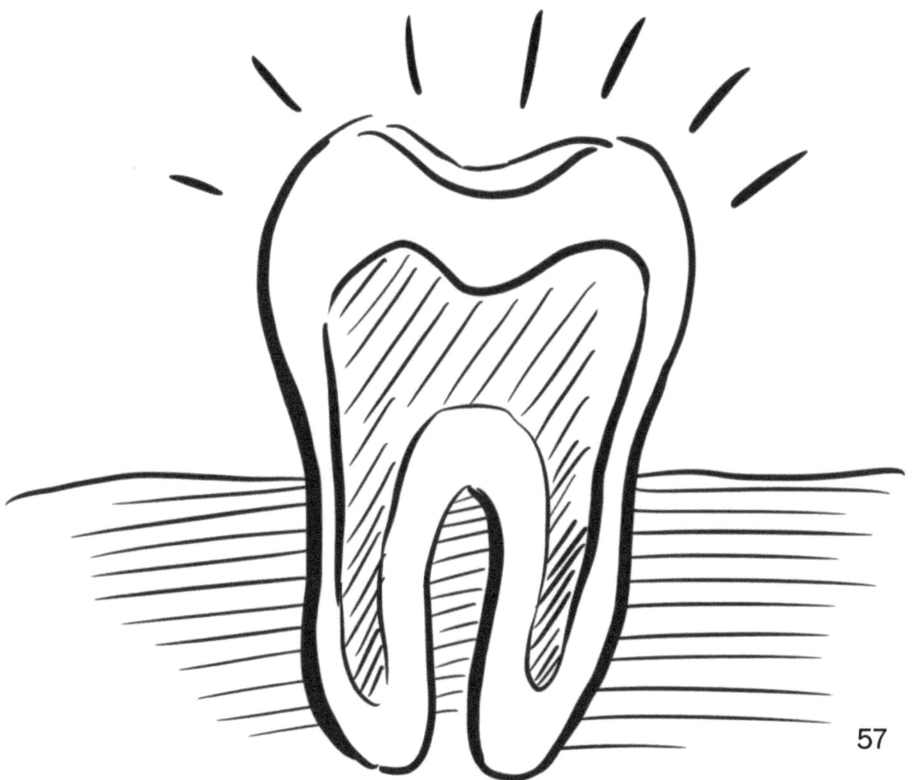

Zähne richtig nähren

Wichtige Vitamine für die Zähne

Die fettlöslichen Vitamine D, A und K2

Die drei Vitamine D, A und K2 helfen dem Körper, Mineralstoffe in Zähnen und Knochen einzubauen. Ohne sie kann man dem Körper zwar viele Mineralstoffe zuführen, sie werden jedoch nicht dort ankommen, wo sie benötigt werden.

Recht bekannt ist noch, dass Vitamin D und Vitamin K2 gemeinsam für die Kalziumverwertung notwendig sind. Weniger bekannt ist aber, dass es für diese Prozesse weitere Co-Faktoren braucht: Magnesium, Bor und Zink, und besonders auch Vitamin A.

Vitamin D und A fügen sich ineinander wie zwei Puzzleteile. Gemeinsam sitzen sie an Schaltstellen für Prozesse im Körper. Das Vitamin K2 verstärkt die Wirkung dieses Komplexes. Deswegen nannte es Weston Price auch „Aktivator X", denn damals war noch unbekannt, worum es sich bei dieser aktivierenden Substanz handelt.

Das ist auch der Grund, warum es wenig Wirkung hat, Vitamin-D-Präparate zu verwenden. Präparate mit Vitamin D und K2 sind zwar besser, können aber in Hochdosierung dazu führen, dass der Körper in einen Vitamin A-Mangel rutscht. Alle Co-Faktoren müssen berücksichtigt werden, damit die davon beeinflussten Prozesse gut ablaufen können.

Deshalb sind natürliche Lebensmittel und naturbelassener Lebertran unschlagbar, wenn es um die ganzheitliche Versorgung mit fettlöslichen Vitaminen geht. Es geht darum, die richtigen Lebensmittel zu wählen, nämlich solche, die reich an Vitamin A, D und K2 sind.

Weston Price stellte aufgrund dieser Erkenntnisse eine Mischung aus Lebertran und Butterfett her. Die Kombination war noch wirksamer gegen Karies als Lebertran allein. Er führte das auf die Anwesenheit von „Aktivator X" (oder, wie wir heute wissen, auf Vitamin K2) im Milchfett weidender Kühe zurück.

Quellen für Vitamin D

Vitamin D wird in unserer Haut durch Einstrahlung von Sonnenlicht hergestellt. Im Sommer ist das unsere Versorgungsquelle Nummer Eins. Es ist wichtig, die Haut regelmäßig unbedeckt und ohne Verwendung von Sonnenschutzmitteln eine gewisse Zeit der Sonne auszusetzen, ohne sie dadurch zu überfordern.

Im Winter reicht in unseren Breiten die Stärke der Sonneneinstrahlung nicht aus, um die Vitamin D-Produktion anzuregen. Hat man einen dunkleren Teint, reicht die Sommersonne aufgrund der Pigmentierung noch weniger aus, den Vitamin D-Bedarf zu decken und Vorräte für den Winter aufzubauen.

Lebensmittel, die Vitamin D enthalten, sind:

- **fetter Seefisch (möglichst aus Wildfang)**
- **Eigelb**
- **Weidemilchbutter, Ghee**
- **tierische Fette**
- **Lebertran**

und zwar möglichst solcher, der nicht erhitzt und industriell stark aufgearbeitet wurde. Die aufwendige Verarbeitung vernichtet die fettlöslichen Vitamine, die dann künstlich wieder zugesetzt werden. Das erkennt man daran, dass auf der Verpackung genaue Angaben zum Gehalt an Vitamin D und A gemacht werden. Bei naturbelassenem Lebertran schwankt naturbedingt die Menge der Inhaltsstoffe, deshalb sind keine absolut exakten Angaben zum Vitamingehalt möglich.

Quellen für Vitamin A

- **Leber (von allen Tieren)**
- **Weidemilchbutter, Ghee**
- **Lebertran**
- **Eigelb**
- **tierische Fette**

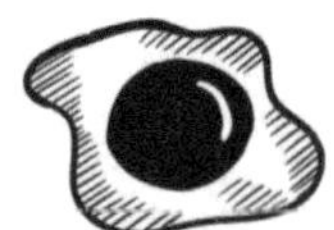

Heutzutage wird vor allem verschiedenes Gemüse als beste Vitamin-A-Quelle angepriesen. Dabei wird aber die Tatsache unterschlagen, dass Betakarotin, eine Vorstufe von Vitamin A, nur zu geringem Anteil vom Körper in Vitamin A umgewandelt wird.

Je nach individueller Reife und Gesundheitszustand der Leber beträgt die Umwandlungsrate im besten Fall 12:1. Kinder, alte und kranke Menschen stellen oft kaum Vitamin A aus Betakarotin her.

Gleichzeitig wird vor Vitamin A in Lebensmitteln gewarnt, obwohl es keine belegte Vitamin-A-Vergiftung oder andere negative Wirkungen von natürlich Vitamin-A-haltigen Lebensmitteln gibt. Eine negative Wirkung und ein höheres Vergiftungsrisiko durch Vitamin-A-Präparate werden ohne wissenschaftliche Belege einfach auf Lebensmittel übertragen.

Dabei wird nicht berücksichtigt, dass Lebensmittel immer die nötigen Co-Faktoren enthalten. Zudem steuert unser gesunder Appetit, wie viel wir an solchen Lebensmitteln zu uns nehmen, was einem Überkonsum vorbeugt.

Quellen für Vitamin K2

- **Eigelb**
- **Weidemilchbutter, Ghee**
- **Meeresfrüchte**
- **fermentierte Lebensmittel**

Vitamin K2 kann tierischen oder bakteriellen Ursprungs sein. Es ist nicht zu verwechseln mit Vitamin K1, einem Vitamin, das in grünem Blattgemüse vorkommt und für die Blutgerinnung eine wichtige Rolle spielt.

Wichtige Mineralstoffe

Kalzium

Kalzium ist der mengenmäßig am häufigsten vorkommende Mineralstoff im Körper. Es trägt zur Bildung und Erhaltung starker Knochen und Zähnen bei. Gut verfügbar ist Kalzium aus Rohmilchprodukten und Knochenbrühe, wobei der Gehalt in Knochenbrühe deutlich niedriger ist. Schwieriger aufzunehmen ist es aus Nüssen und Gemüse, weil es dort oft an Phytinsäure oder Oxalsäure gebunden ist.

Phosphat

Phosphat ist ein wichtiger Bestandteil von Knochen und Zähnen. Eiweißreiche Lebensmittel sind oft am phosphatreichsten. Phosphat aus tierischen Quellen ist für den Körper leichter aufzunehmen als aus pflanzlichen Quellen. Gute Phosphatquellen sind Leber, Eier, Fisch, Fleisch, Milchprodukte. Man kann über Softdrinks aber auch zu viel Phosphat aufnehmen und damit das Kalzium-Phosphat-Verhältnis stören.

Magnesium

Magnesium ist ebenfalls ein wichtiger Mineralstoff für starke Zähne und Knochen. Magnesium kommt in vielen Lebensmitteln vor. In Samen, Nüssen und Getreide ist es aber gebunden an Phytinsäure, was die Aufnahmefähigkeit verringert. Durch Einweichen oder Säuern und beim Keimen wird Phytinsäure abgebaut und damit die Verfügbarkeit erhöht. Eine gute Quelle für leicht verfügbares Magnesium ist Knochen- und Fischbrühe.

Antinährstoffe

Unter Antinährstoffen fasst man Substanzen zusammen, die die Verdauung oder die Nährstoffaufnahme hemmen.

Dazu gehört die Phytinsäure. Sie kommt bevorzugt in der äußeren Hülle von Samen wie Getreide, Nüssen und Bohnen vor, also zum Beispiel in Getreidekleie. Sie bindet Mineralstoffe an sich, um sie für den Keimprozess der Pflanze aufzubewahren. Erst beim Keimen wird die Phytinsäure abgebaut und gibt die Mineralstoffe frei.

Auch Oxalsäure geht eine Verbindung mit Mineralstoffen wie Kalzium ein. Oxalsäure findet sich in Rhabarber, Kleie, grünem Blattgemüse, Roter Beete und Kräutern.

Zu den sogenannten Antinährstoffen zählen weiterhin Lektine, Saponine, Gluten, Tannine, Glykoalkaloide und andere. Ihr ursprünglicher Zweck ist es, eine junge Pflanze vor Schimmel und Fressfeinden zu schützen, sie also möglichst unbekömmlich zu machen.

 Antinährstoffe wirken unterschiedlich im Körper, unter anderem, indem sie Verdauungsenzyme hemmen oder die Darmschleimhaut angreifen. Durch verschiedene Zubereitungsmethoden wie Erhitzen, Einweichen und Säuern kann man sie eliminieren oder ihren Gehalt senken.

Grundsätzlich sind die Menge an Antinährstoffen und die Zubereitung der Lebensmittel ausschlaggebend! Je weniger Antinährstoffe in der Nahrung sind, desto verträglicher und mineralstoffreicher ist sie für den Menschen.

Antinährstoffe sind nicht gefährlich, wenn sie in Maßen und durch entsprechend zubereitete Lebensmittel aufgenommen werden. Je sensibler die Verdauung und je größer der Mangel an Nährstoffen, umso mehr lohnt es sich jedoch, diesen Aspekt zu beachten.

Traditionelle Zubereitungsmethoden

Einweichen und Erhitzen

Beide Vorgänge, Einweichen und Erhitzen, sind wichtig für eine gute Bekömmlichkeit von Samen, wie zum Beispiel Getreide, Reis, Hirse, Haferflocken, Bohnen und Linsen. Einweichen allein baut zwar schon Phytinsäure ab, andere ungünstige Stoffe wie Lektine werden jedoch eher durch Hitze zerstört.

Säuern und Fermentieren

Säuern bzw. Fermentieren sind gewissermaßen die großen Brüder des Einweichens. Eine Säuerung findet statt, wenn man etwas länger als 12 Stunden bei Zimmertemperatur in Wasser einlegt oder, im Fall von Rohmilch, einfach stehenlässt.

Mikroorganismen, die überall in geringen Mengen vorkommen, sorgen dafür, dass eine Milchsäuregärung einsetzt. Teilweise beschleunigt man diesen Prozess durch die Zugabe von Startkulturen, wie zum Beispiel durch einen Sauerteigansatz für die Herstellung von Brot oder einen Löffel Dickmilch oder Joghurt für die Herstellung neuer Dickmilch oder neuen Joghurts.

Bei Joghurt nutzt man gewöhnlich etwas höhere Temperaturen als Zimmertemperatur. Um die Entwicklung der Bakterienkulturen zu steuern und die Vermehrung unerwünschter Bakterien zu verhindern, werden oft Salz oder Zucker zugegeben.

Salzlake kommt zum Beispiel bei Sauerkraut und anderem Gemüse zum Einsatz, Zuckerlösung bei der Fermentation von schwarzem Tee (Kombucha), Wasserkefir und Brot (Brottrunk/Kvass). Die Milchsäurebakterien verstoffwechseln den Zucker, so dass der Zuckergehalt am Ende sehr gering ist und man ein saures Produkt erhält.

Bei Milchprodukten bauen die Milchsäurebakterien den Milchzucker ab, so dass man nach 24 Stunden Säuerung ein saures, laktosefreies Lebensmittel erhält.

Säuern bzw. Fermentieren dienen traditionell der Haltbarmachung von Gemüse (z.B. Sauerkraut), Milchprodukten (Joghurt, Quark, Kefir), aber auch Fisch und Fleisch (z.B. der berüchtigte Surströmming in Schweden).

Fermentierte Lebensmittel sind aber auch besonders wertvoll für die Darmgesundheit, weil sie gute Bakterien liefern, die die Verdauung und Darmflora unterstützen. Außerdem leistet die Fermentation eine gewisse Vorverdauung, die dem Menschen einen Teil der Verdauungsarbeit abnimmt und Lebensmittel leichter bekömmlich macht.

Trocknen

Es lassen sich sehr viele Lebensmittel trocknen. Traditionell getrocknet werden Obst, Gemüse, Kräuter, Fisch und Fleisch. Der besondere Vorteil von Trocknen ist, dass diese Lebensmittel dann haltbar werden und sich lange lagern lassen.

Allerdings: Vorsicht bei Trockenfrüchten! Sie enthalten zwar natürlichen Zucker, aber trotzdem Zucker, und zwar in konzentrierter Form.

Pökeln

Traditionell werden Fleisch und Fisch haltbar gemacht, indem man sie in Salz einlegt. Der Vorteil ist auch hier eine lange Haltbarkeit.

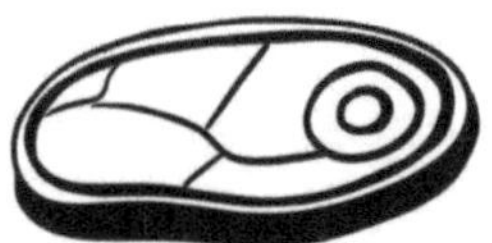

Superfoods

Als „Superfoods" bezeichnen wir traditionelle Lebensmittel, die besonders nährstoffreich sind.

Eier

Eier sind eines der nährstoffreichsten Lebensmittel. Besonders das Eigelb enthält fast alle Vitamine und Nährstoffe, die ein Mensch braucht. Eier enthalten die fettlöslichen Vitamine A, D, E und K sowie die wasserlöslichen B-Vitamine.

Je glücklicher das Huhn, desto gesünder sein Ei. Hühner, die draußen Gras picken und nach Würmern scharren dürfen, können ihre Eier mit viel mehr Nährstoffen anreichern als Hühner, die nur Fertigfutter und eine Erdfläche zur Verfügung haben. Selbst Bio-Eier und Freilandeier erreichen dieses Kriterium oft nicht, weil der zur Verfügung stehende Platz bald leergepickt ist.

Wer sich auf die Suche nach guten Eiern begibt, muss genau hinschauen. Oder seine eigenen Hühner halten. Ein Ei von einem glücklichen Huhn erkennt man an der tieforange-gelben Farbe des Dotters – die natürlich ohne Zusatz von Betakarotin im Futter entstanden sein sollte.

Falls sich jemand schon mal gefragt hat, warum Bio-Eier oft so blass sind: Hier ist der Zusatz von Betakarotin zum Futter nicht erlaubt. Und offenbar gibt es auch kein grünes Gras für das Huhn zu picken, denn das würde das Dotter auf natürliche Weise goldgelb machen.

Shakes mit rohem Eigelb sind eine gute Quelle für fettlösliche Vitamine und Mineralstoffe und können auch noch superlecker schmecken.
(Rezept findet sich auf S. 80)

Rohmilch und Milchprodukte

Rohmilch enthält natürlicherweise viele nützliche Bakterien, die die Verdauung fördern und dadurch die Nährstoffaufnahme unterstützen.

Milch im Supermarkt ist pasteurisiert, das heißt, dass die Milch erhitzt wurde, um die Mikroorganismen abzutöten, die in der Milch vorhanden sind. Dadurch werden auch Vitamine und Enzyme in der Milch zerstört.

Rohmilch enthält unter anderem das Enzym Laktase, das bei der Aufspaltung des Milchzuckers (Laktose) behilflich ist. Das an Eiweiße gebundene Kalzium ist für den Körper leicht verfügbar, wenn die Eiweiße noch nicht durch Hitze verändert worden sind. Die in Rohmilch enthaltenen Eiweiße sind vor allem nützlich für unsere Darmflora.

Industriell behandelte Milch ist in der Regel homogenisiert. Dabei werden die Fetttropfen zerschlagen, und zwar bis auf eine so kleine Größe, dass sie die Darmwand irritieren und sogar allergisierend wirken können.

Auf dem Bauernhof, in einigen Hofläden, aber auch an einigen Milchtankstellen gibt es frische Rohmilch zu kaufen. In der Stadt kann man in Bioläden nach Vorzugsmilch fragen. Das ist Rohmilch, die in Deutschland auch im Laden verkauft werden darf. Ihre Herstellung unterliegt noch einmal besonderen Hygieneanforderungen.

Hat man keine Rohmilchquelle in der Nähe, sollte man nach nicht-homogenisierter Milch Ausschau halten oder Milch gänzlich meiden. Wenn man sich nicht regelmäßig mit frischer Rohmilch versorgen kann, ist es möglich, sie auf Vorrat einzufrieren. Der Verlust an Nährstoffen hält sich dabei in Grenzen. Man sollte jedoch die Ausdehnung der Flüssigkeit bedenken und keine randvollen Glasflaschen einfrieren, da diese sonst platzen.

Besonders wertvoll ist gesäuerte Rohmilch. Man kann Rohmilch entweder bei Zimmertemperatur stehen und zu Dickmilch werden lassen oder sie durch Zugabe von Kefirknollen zu Kefir werden lassen (Letzteres geht übrigens auch mit pasteurisierter Milch). In beiden Fällen erhält man ein Produkt mit einer großen Vielfalt an guten Bakterien für den Darm. Beides lässt sich zu Quark und Käse weiterverarbeiten, wenn man die Molke durch ein Tuch abtropfen lässt.

Sauermilchprodukte erhält man auch im Handel. Diese sind nicht per se schlecht. Allerdings fehlt ihnen die vielfältige Bakterienbesiedlung, da zu ihrer Herstellung nur einzelne Kulturen zugesetzt werden. Außerdem sind sie in der Regel nicht laktosefrei, da man sie für gewöhnlich weniger als 24 Stunden reifen lässt.

Da die Kulturen in gekauftem Quark und Joghurt aber noch vorhanden sind, kann man sich eines kleinen Tricks bedienen: Diese Produkte reifen nämlich nach, wenn man sie noch etwa einen Tag bei Zimmertemperatur stehen lässt. Davon verderben sie nicht, da die vorhandene Bakterienkultur verhindert, dass sich Fäulniskeime ansiedeln. Scheut man die Eigenproduktion von Quark und Joghurt, kann man so gekaufte Produkte zumindest leichter bekömmlich machen.

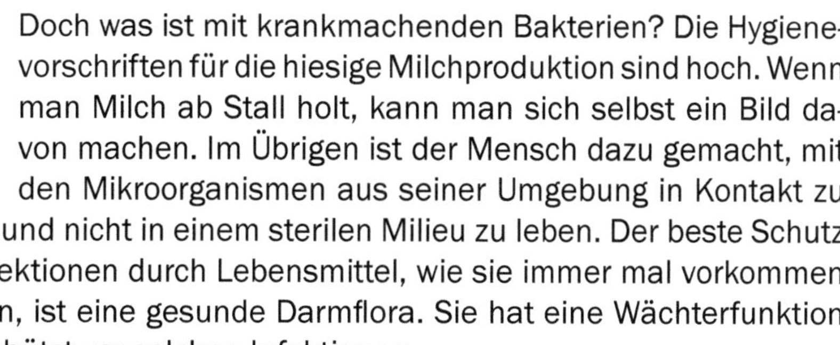

Doch was ist mit krankmachenden Bakterien? Die Hygienevorschriften für die hiesige Milchproduktion sind hoch. Wenn man Milch ab Stall holt, kann man sich selbst ein Bild davon machen. Im Übrigen ist der Mensch dazu gemacht, mit den Mikroorganismen aus seiner Umgebung in Kontakt zu treten und nicht in einem sterilen Milieu zu leben. Der beste Schutz vor Infektionen durch Lebensmittel, wie sie immer mal vorkommen können, ist eine gesunde Darmflora. Sie hat eine Wächterfunktion und schützt vor solchen Infektionen.

Wenn man mit dem Konsum von Rohmilch beginnt, kann es passieren, dass der Körper mit Durchfall reagiert. Das liegt daran, dass der Darm die neuen Bakterien noch nicht gewöhnt ist. Am besten tastet man sich langsam heran und fängt mit kleinen Mengen an.

Weidebutter

Butter enthält die fettlöslichen Vitamine A, D und K2, die zur Zahnmineralisierung notwendig sind. Wenn Kühe Gras fressen dürfen,
hat das Milchfett eine besonders günstige Fettsäurezusammenset-
zung und enthält reichlich Vitamin K2.

Ideal ist daher Rohmilchbutter von weidenden
Kühen. Diese ist allerdings teuer und/oder
schwer zu bekommen. Auch wenn man die
perfekte Butter vielleicht nicht so einfach
auftreiben kann, lohnt es sich, bei Butter
gut hinzuschauen und sich das Beste herauszupicken,
was zur Verfügung steht.

Leber und andere Innereien

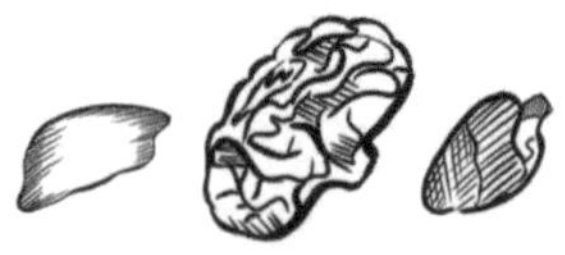

Leber und Innereien sind besonders reich an
allerlei Vitaminen und Mineralstoffe. Das ist
auch der Grund, warum man in traditionellen
Kulturen die Innereien den Frauen und Kindern
vorbehielt. Wachstum verlangt einfach nach einer besonders guten
Nährstoffversorgung.

Die Leber ist zwar ein Entgiftungsorgan, aber sie speichert keine
Giftstoffe, wie fälschlicherweise oft angenommen wird. Dafür ist
eher das Fettgewebe zuständig. Trotzdem sollte man darauf achten, Leber aus artgerechter, grasgefütterter Haltung zu verwenden.
Dann ist auch der Nährstoffgehalt am besten.

Wie unter dem Thema „fettlösliche Vitamine" schon besprochen,
muss man sich vor Vitamin A in Leber nicht fürchten. Leber ist das
Superfood schlechthin. Man kann sie kurz anbraten (nicht zu lange,
sonst wird sie schnell zäh), marinieren oder auch roh essen, trocknen und in Kapseln abfüllen, wenn man sie anders nicht herunter-
bekommt, aber die Vorteile nutzen will.

Besonders mild sind Hühnerleber und Kaninchenleber. Eine Alternative ist Dorschleber aus der Dose. Sie schmeckt nicht fischig und soll hier als Alternative erwähnt werden.

Weitere Innereien wie Nieren, Gehirn und Lunge verlangen oft etwas mehr Überwindung, wenn man nicht an sie gewöhnt ist. Am niedrigsten ist die geschmackliche Herausforderung sicherlich bei Herz und Zunge. Sie sind im Geschmack gewöhnlichem Muskelfleisch am ähnlichsten, nur ein bisschen würziger.

Knochen und Markknochen zählt man auch zu den Innereien. Aus ihnen kann man mineralstoffreiche Brühen kochen, die die Darmschleimhaut nähren und nicht nur bei Krankheit unterstützend wirken.

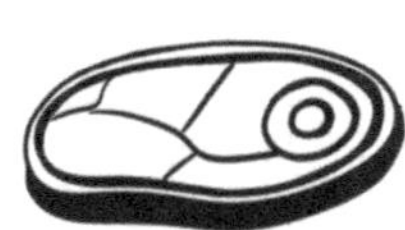

Lebertran

Das aus der Leber von zumeist Kabeljau und Dorsch gewonnene Öl enthält Jod, Phosphor und die Vitamine A und D, außerdem Omega-3-Fettsäuren. Der hohe Gehalt an Vitamin A und D macht den Lebertran zu einem hilfreichen Mittel, um Karies vorzubeugen oder zum Stillstand zu bringen.

Meeresfrüchte und Fischeier

Muscheln und Fischrogen sind sehr reichhaltig an Mineralstoffen und fettlöslichen Vitaminen. Rohe Austern zum Beispiel sind geschmacklich gewöhnungsbedürftig, aber man spürt direkt, wie der Körper sich darüber freut.

Wildkräuter

Wildkräuter

Wildkräuter werden traditionell als Ergänzung des Speiseplans eingesetzt. Im Frühjahr sammelt man die frischen, noch zarten Blätter. Man verwendet sie auch getrocknet, milchsauer eingelegt oder in Alkohol haltbar gemacht.

Ihr Hauptverwendungszweck war früher als Arznei für verschiedene Beschwerden. Durch den hohen Gehalt an Bitterstoffen kann die Verdauung unterstützt werden.

Als Lieferant von Mineralstoffen sind Wildkräuter jedoch nur begrenzt geeignet. Abgesehen von den ganz jungen Trieben ist der Gehalt an Antinährstoffen wie Oxalsäure sehr hoch, was Wildkräuter nur in kleinen Mengen für die Verdauung verträglich macht. Das ist auch der Grund, warum man züchterisch tätig wurde, um Gemüse zu züchten, das einen niedrigeren Gehalt an Antinährstoffen aufweist.

Nahrungsmittelunverträglichkeiten und der Darm

Menschen mit Nahrungsmittelunverträglichkeiten, Allergien, Autoimmunkrankheiten, chronischen Hautkrankheiten und anderen Erkrankungen, die auf eine geschwächte Verdauung und gestörte Darmflora hindeuten, sollten vorsichtig mit bestimmten Elementen der traditionellen Ernährung sein.

Dabei handelt es sich besonders um Getreide, sehr fett- oder eiweißreiche Lebensmittel und Milchprodukte, die nicht ausreichend lange (unter 24 Stunden) gesäuert worden sind. Auch eine Histaminunverträglichkeit kann erschwerend hinzukommen. Nimmt man da keine Anpassungen vor, kann es passieren, dass Beschwerden zunehmen und die Nährstoffaufnahme anhaltend ungenügend bleibt, wenn unverdaute Nahrungsbestandteile den Darm weiter schädigen. Gewöhnlich ist es in einer solchen Situation ratsam, für einige Wochen eine Ausschlussdiät vorzunehmen und genau zu schauen, auf welche Lebensmittel der Körper bei Wiedereinführung reagiert. Diese Lebensmittel kann man dann eine Zeitlang meiden. Im besten Fall erholt sich die Verdauung und es kommt zu keinen oder weniger körperlichen Reaktionen.

Hier können wir die GAPS-Diät und das Buch „GAPS – Unsere Gesundheit beginnt im Darm" von Natasha Campbell-McBride empfehlen. Je nach Art der Beschwerden, die man in Angriff nehmen will, kann man das Programm anpassen. Es erfordert aber eine gewisse Einarbeitungszeit und Hingabe. Eine weitere, ähnliche Ausschlussdiät ist das Autoimmunprotokoll.

Ist der Darm gestärkt und kann er die Nahrung gut verdauen, wird der Körper auch wieder gut mit Nährstoffen versorgt. Dann kann man sich nach und nach wieder an vormals problematische Lebensmittel herantasten.

Man kann sich auf diesem Weg auch von einem guten Heilpraktiker begleiten und testen lassen, wie gesund die Zusammensetzung der Darmflora ist. Es ist allerdings wenig hilfreich, angebotene Darmkuren zu machen, um danach wieder zu eben jener Ernährung zurückzukehren, die ursprünglich für die Schädigung verantwortlich war. Nur mit einer konsequenten Veränderung erzielt man dauerhafte Ergebnisse.

Werden lange gesäuerte und gereifte Milchprodukte auch nicht vertragen, können als alternative Kalziumquellen Fisch, Meeresfrüchte und Knochenbrühe verwendet werden. Hierfür eignen sich zum Beispiel Eintöpfe mit Fisch und Meeresfrüchten.

Bei einer vegetarischen Ernährung wird es schwieriger. Hier ist es ratsam, mindestens Dorschlebertran sowie reichlich Butter und Eigelb zu verwenden, um den Bedarf an den fettlöslichen Vitaminen A, D und K2 zu decken.

Rezepte

Wichtiger Hinweis

Um dem Körper zu helfen, die fehlenden Nährstoffe schnell aufzufüllen, ist es bei kariesgeschädigten Zähnen ratsam, im Speziellen Haferflocken oder allgemein Getreide eine Zeitlang wegzulassen. Beides enthält Antinährstoffe, welche die Nährstoffaufnahme hemmen können.

Wenn man Getreide nach einiger Zeit wieder in seinen Speiseplan einbauen möchte, ist es wichtig, dieses traditionell durch Einweichen, Säuern und Erhitzen zuzubereiten, um den Gehalt an Antinährstoffen zu verringern.

Das Getreide selbst zu mahlen liefert Mehl von bester Qualität, da sich im Keimling die meisten Nährstoffe befinden. Er enthält B-Vitamine, Vitamin E, verschiedene Mineralstoffe wie Kalium, Eisen, Phosphor und Magnesium sowie Spurenelemente. Traditionell wurde das so entstandene Mehl gesiebt und die grobe Kleie entfernt. Dann wurde es einer langen Teigführung unterzogen und erhitzt oder gebacken.

Grundrezepte für die traditionelle Zubereitung

 ### Sauerteigansatz selbst machen

Ein Sauerteig ist ein gesäuerter Teig, in dem Milchsäurebakterien, aber auch andere Mikroorganismen wie Hefen aktiv sind. Diese Mikroorganismen sorgen dafür, dass das Mehl leichter verdaulich wird, der Teig aufgeht und das Brot länger haltbar ist.

Man braucht:

- **ein sauberes hohes Glas**
- **400 – 500 g Bio-Roggenmehl**
- **400 – 500 ml Wasser**
- **Wärme und Zeit**

So geht's:

1. 100 g Mehl und 100 ml Wasser mit einem sauberen Löffel verrühren.

2. Das Gefäß abdecken und an einen warmen Ort (ca. 24 °C) stellen.

3. Nach 24 Stunden wird der Teig gefüttert mit weiteren 100 g Mehl und 100 g Wasser. Alles wieder verrühren.

4. Dies wird 4 – 5 Tage wiederholt.

5. Der Sauerteigansatz ist jetzt fertig. Er sollte angenehm säuerlich riechen und eine hellbraune Farbe haben.

Wichtiger Hinweis:

Alle verwendeten Utensilien sollten sauber sein, um Fehlbesiedlung mit Schimmel zu vermeiden.

 # Selbstgemachtes Roggensauerteigbrot

Man braucht:

- **600 g Roggenmehl (am besten selbst gemahlen)**
- **85 g Sauerteigstarter (selbstgemachter Starter oder gekauft)**
- **360 ml lauwarmes Wasser**
- **12 g Salz**

So geht's:

1. Das Roggenmehl in eine große Schüssel geben, das lauwarme Wasser und den Sauerteigstarter sowie das Salz hinzufügen. Alles 10 Minuten durchkneten, bis ein gleichmäßiger Teig entsteht.

2. Den Teig in einer sauberen Schüssel mit einem Geschirrtuch abdecken und ca. 5 Stunden bei Zimmertemperatur gehen lassen.

3. Den Teig nochmal durchkneten, etwas aufziehen und zu einer Kugel formen. Die Kugel in einen bemehlten Gärkorb setzen. Wieder mit dem Tuch abdecken und nochmal ca. 5 Stunden gehen lassen.

4. Ofen auf 250 °C vorheizen. Den Teig bei 210 °C 25 – 30 Minuten backen.

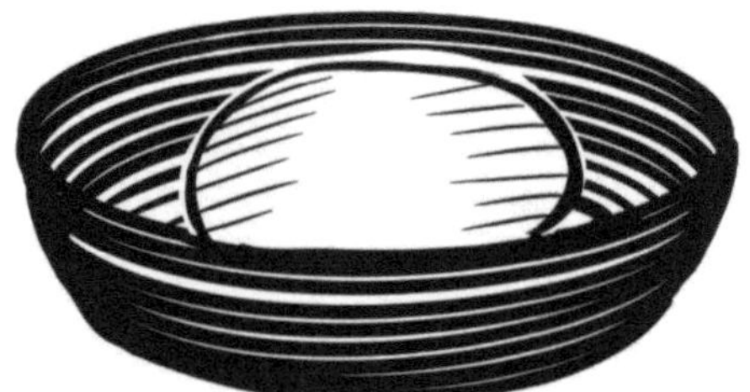

 # Beispiel für eine Brotzeit mit selbstgemachtem Sauerteigbrot

Man braucht:

100 g Frischkäse
15 g Kräuter gemischt
½ Gurke
1 Sauerteigbrot
Weidebutter
1 Ei
1 TL Zitronensaft
Salz, Pfeffer

So geht's:

1. Das Ei 7 – 8 Minuten kochen lassen, anschließend abschrecken und abkühlen lassen.

2. Das Ei pellen, klein schneiden und gemeinsam mit dem Frischkäse zu den Kräutern mischen.

3. Mit Zitronensaft, Salz und Pfeffer würzen.

4. Gurke in dünne Scheiben schneiden.

5. Eine Scheibe Sauerteigbrot mit der Butter und dem Frischkäse Gemisch bestreichen.

6. Die Gurkenscheiben können beliebig auf das Brot verteilt werden und das Brot kann mit Salz und Pfeffer gewürzt werden.

 # Dickmilch, Quark und Frischkäse selbst machen

Man braucht:

- **1 Liter frische, nicht behandelte Rohmilch. Am besten geeignet ist Milch, die noch warm ist. Mit bereits gekühlter Milch klappt es auch, aber etwas weniger gut.**

So geht's:

Die Milch in einen Topf oder ein anderes Gefäß füllen, das sich mit einem Deckel locker verschließen lässt.

Jetzt braucht es nur noch Wärme (Raumtemperatur, im Winter das Gefäß mit der Milch am besten in die Nähe einer Heizung stellen) und Zeit (bis zu 2 Tage). Je nach Raumtemperatur, Bakteriengehalt und Alter der Milch kann das Ergebnis unterschiedlich ausfallen.

Wenn die Milch nur sehr langsam säuert, kann es sein, dass die Sahne, die sich oben absetzt, hefig bis sehr unangenehm schmeckt und die gesäuerte Milch darunter bitter wird. Wenn die Sahne nicht mehr schmeckt, kann man sie abnehmen. Meistens ist die Dickmilch darunter noch genießbar.

Ein zuverlässiges Ergebnis erhält man, wenn man eine Starterkultur dazugibt, zum Beispiel 1 – 2 Teelöffel der vorigen Dickmilch oder von einem Joghurt.

Aus der gewonnenen Dickmilch kann man auch Quark oder Frischkäse herstellen, wenn man die Dickmilch in ein Mulltuch gibt und die Molke in einen Behälter darunter abtropfen lässt. Das Mulltuch dabei entweder in ein Sieb legen oder aufhängen. Die Molke kann man zum Trinken, Backen oder Fermentieren verwenden.

Je länger es abtropft (über Nacht oder bis zu 24 Stunden), desto fester wird der Quark. Die Quarkmasse kann man salzen und reifen lassen und so zu Käse weiterverarbeiten.

 # Milchkefir

Kefir-Info:

Kefir ist ein Lebewesen, das aus kleinen, gelblichen Knollen von gummiartiger Konsistenz besteht. Er kann etwas eigen sein. Mancher Kefir reagiert verschnupft, wenn man ihn zu oft und zu gründlich abspült. Und nicht jeder Kefir mag Rohmilch. Man kann ihn aber langsam an Rohmilch gewöhnen. Mancher Kefir ist robuster als anderer.

Kefir muss regelmäßig gefüttert werden. Er verstoffwechselt den Milchzucker aus der Milch. Wenn man ihn mit frischer Milch in den Kühlschrank stellt, hält er sich mindestens 2 Wochen. Einen gesunden Kefir erkennt man daran, dass er sich vermehrt. Ein Kefir, der geschwächt ist, tut das nicht und zerfällt im schlimmsten Fall in winzige Einzelteile.

Im Handel angebotener Kefir ist genau genommen kein echter Kefir. Zur Milch wird statt Kefirknollen nur eine bestimmte Kultur hinzugesetzt. Deshalb fehlt dort die Bakterienvielfalt, die wir an echtem Kefir so schätzen. Ebenso verhält es sich mit Kefirkulturen, die man kaufen kann, um Kefir selbst zu machen. Echter Kefir wird mit Knollen gemacht.

Man braucht:

- **Für selbstgemachten echten Milchkefir benötigt man frische Rohmilch und ca. 2 EL Milchkefir-Knöllchen.**
- **1 sauberes, verschließbares Gefäß**
- **1 Sieb (Edelstahl oder Plastik)**

So geht's:

1 bis 3 Tage sollte man den Kefir bei Raumtemperatur fermentieren, also stehen lassen. Je länger man wartet, desto säuerlicher wird er.

Am Ende wird der Kefir in ein Sieb gegossen, um die Knöllchen vom Kefir zu trennen.

Die Kefir-Knöllchen kann man im Kühlschrank für einen neuen Kefir aufbewahren.

Tipp: Ein Glas Milchkefir am Tag ist Balsam für die Darmflora! Auch für die Mundflora wirkt er unterstützend.

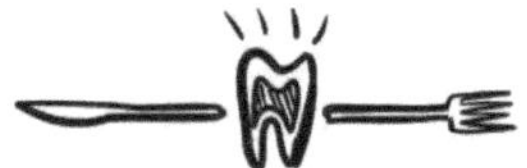

 Gemüsebrühe selber machen

Man braucht:

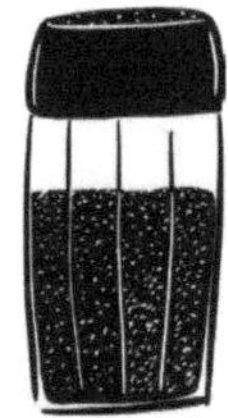

- **1 Bund Suppengrün (ca. 500 g)**
- **100 g Salz**

So geht's:

1. Suppengrün waschen und in kleine Würfel schneiden.

2. Suppengrünwürfel und Salz in eine Küchenmaschine geben und kleinhäckseln, dabei zwischendurch mit einer Spachtel von den Rändern schieben.

3. Im Anschluss in Schraubverschlussgläser füllen und im Kühlschrank aufbewahren (3 Monate haltbar).

   Wie bei normaler Gemüsebrühe 1 TL Gemüsebrühe auf 250 ml Wasser verwenden.

 # Nahrhafte Knochenbrühe

Man braucht:

- **4 frische Markknochen**
- **3 Lorbeerblätter**
- **6 Pimentkörner**
- **2 Liter Wasser**
- **1 Bund Suppengrün**
- **2 Zwiebeln**
- **Salz**
- **Pfeffer schwarz**

So geht's:

1. Die Knochen in einen Suppentopf geben, dann das Wasser aufgießen und 12 – 24 Stunden mit Deckel simmern lassen, damit genug Mineralien aus dem Knochen geschöpft werden können.

2. Das kleingeschnittene Suppengrün und die geschnittenen Zwiebeln erst 2 Stunden vor Ende des Kochens hinzufügen.

3. Fertige Knochenbrühe durch ein Sieb gießen und dann würzen.

Hinweis:

Nach Verwendung der ersten Brühe kann man die Knochen erneut mit Wasser aufgießen und so eine weitere Brühe entstehen lassen.

Frühstück

 Power-Cure-Shake

Man braucht:

- **Rohes Eigelb**
- **1 Glas Rohmilch**
- **1 halben TL Weidebutter**
- **Beliebig Bio-Honig hinzufügen**
- **Elektrischer Milchaufschäumer (oder Schneebesen)**

So geht's:

1. Die Rohmilch leicht erwärmen und dann mit dem Milchaufschäumer aufschäumen.

2. Das Eigelb kann auch direkt in die Milch gegeben und aufgeschäumt werden oder mit der Butter kurz verrührt werden.

Das Rezept kann in verschiedenen Varianten verwendet werden, z.B. kann der Shake auch mit kalter statt warmer Rohmilch oder mit Früchten gemixt werden.

 # Kokosmus-Smoothie

Man braucht:

- **1 EL Kokosmus**
- **1 TL Rohmilchbutter**
- **1 rohes Ei**
- **2 EL gefrorene Mango**
- **½ Banane**
- **½ TL Zitronensaft**
- **100 ml Wasser**

So geht's:

Alle Zutaten in einen Mixer geben oder mit dem Stabmixer zu einer smoothen Konsistenz mixen. Ideal auch für Zwischendurch!

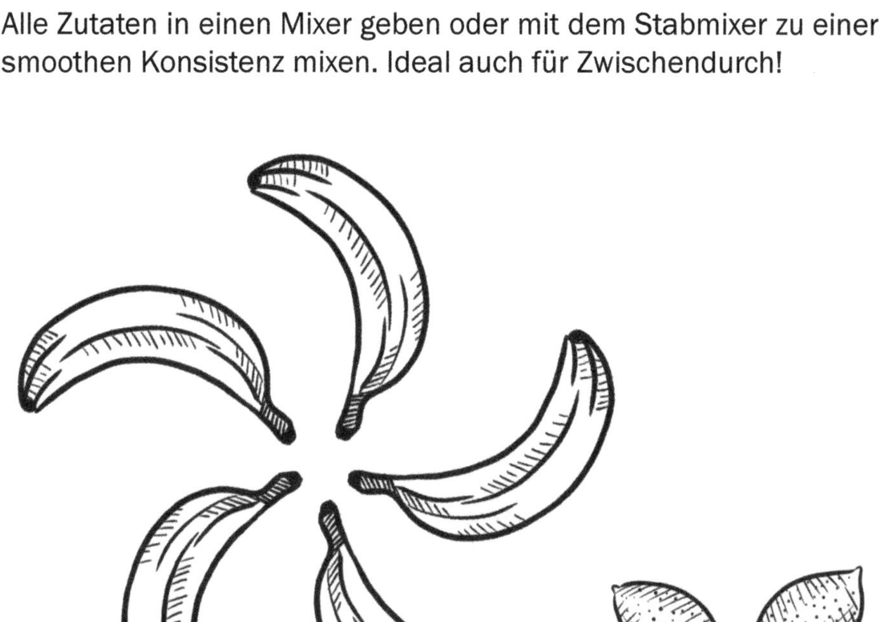

Lachsomelett

Man braucht:

- **200 g Salatgurke**
- **50 g Räucherlachs aus Wildfang**
- **2 Eier**
- **1 EL Kefir (am besten selbst fermentiert)**
- **1 EL Mineralwasser**
- **1 EL Schnittlauch**
- **Salz/Pfeffer**
- **1 EL Butter**

So geht's:

1. Die Gurke und den Lachs in kleine Stücke schneiden.

2. Die Eier mit Mineralwasser, Kefir, Salz und Pfeffer vermischen.

3. Den Schnittlauch zerkleinern und unterrühren.

4. Die Butter in einer Pfanne erhitzen und den Eierteig hineingeben.

Das fertige Omelett auf einen Teller legen und mit dem Lachs und den Gurken bestreuen.

 # Frühstücksbrei mit Erdbeeren

- **100 ml Weidemilch/Rohmilch**
- **70 g Quinoa (vorher 24 Stunden mit Molke ansäuern und dann kochen)**
- **100 g Erdbeeren**
- **1 EL Mandelsplitter**
- **1 Prise Zimt**
- **1 Eigelb**

So geht's:

1. Die Milch aufkochen lassen und dann das Quinoa zugeben.

2. 8 Minuten leicht köcheln lassen, bis keine Flüssigkeit mehr zu sehen ist.

3. Den Topf vom Herd nehmen und den Zimt und die Mandelsplitter mit dem Eigelb untermischen.

4. Die Masse in eine Schüssel geben und geschnittene Erdbeeren hinzufügen.

 # Frühstücksquark

Man braucht:

- **4 EL Quark aus frischer Rohmilch (Anleitung siehe S. 76)**
- **3 EL Rohmilch**
- **2 rohe Eigelb**
- **2 EL Leinöl**
- **2 Handvoll klein geschnittener Äpfel und Heidelbeeren**
- **Zitronensaft**
- **2 TL gehackte Mandeln**

So geht's:

1. Obst waschen und kleinschneiden.

2. Quark, Rohmilch, Eigelb, Leinöl, Zitronensaft und das Obst in ein hohes Gefäß geben und mit einem Stabmixer pürieren.

3. Die Masse in eine Schale geben und mit den Mandeln vermischen.

Zwischenmahlzeiten

Hinweis: Nüsse sind immer eine Alternative zum Knabbern für zwischendurch. Um die Verdaulichkeit zu erhöhen, lohnt es, sie zu rösten. Werden viele Nüsse verzehrt, empfiehlt es sich auch, die Nüsse vor dem Rösten einzuweichen.

 ## Gemüsestangen roh oder gebacken

Man braucht:

- **Kürbis**
- **Möhren**
- **Rote Beete**
- **Zitronensaft**
- **Salz**
- **Butterschmalz, alternativ Schweineschmalz oder Rinderfett**

So geht's:

1. Ofen vorheizen.

2. Gemüse in Scheiben oder Spalten schneiden (beliebig in die gewünschte Größe).

3. Die Gemüsescheiben oder Gemüsespalten auf ein Blech mit Backpapier legen.

4. 20 Minuten bei 200 °C backen.

Man kann beliebig Zitronensaft, Butterschmalz oder etwas Salz über das Gemüse geben. Gemüse aller Art kann auch lecker roh serviert werden. Dazu passt ein Avocado- oder Kräuter-Dip.

Avocado-Dip

Man braucht:

- **1 halbe Zitrone**
- **1 Avocado**
- **2 EL Naturjoghurt am besten aus Rohmilch**
- **2 TL Schnittlauch oder Petersilie**
- **Salz**
- **Pfeffer**

So geht's:

1. Zitrone in eine Schale auspressen.

2. Avocado schneiden, entkernen und dazu geben.

3. Joghurt und die Kräuter unterrühren.

4. Alles mit einer Gabel klein zerdrücken und servieren.

 # Bananen-Joghurt

Man braucht:

- **300 g Dickmilch aus Rohmilch**
- **1 Banane**
- **Zitronensaft**

So geht's:

1. Banane schälen und in dünne Streifen schneiden.

2. Dickmilch in eine Schüssel geben und die Bananenscheiben hinzufügen.

3. Nach Bedarf Zitronensaft hinzufügen.

Man kann auch ein rohes Eigelb aufschäumen und unterrühren.

 # Fermentierte Gurken

Man braucht:

- **500 g Gurken (Nach Belieben kann auch jedes andere Gemüse verwendet werden)**
- **1 Bund Frühlingszwiebeln**
- **1 Bund Dill**
- **500 ml Wasser**
- **10 g Salz**

So geht's:

1. Gurken gründlich unter Wasser abspülen, die bitteren Stielenden entfernen und in eine beliebige Form schneiden.

2. Die Frühlingszwiebeln waschen und in Scheiben schneiden.

3. Den Dill waschen und in kleine Zweige zerteilen.

4. Alle Zutaten in ein Einmachglas mit Gummi und Klammern geben und das Salzwasser darüber gießen, bis alles gut bedeckt ist. Das Glas gut verschließen. 7 Tage lagern.

 # Eier-Muffins

Man braucht:

(Für ca. 6 Muffinformen)

- **6 Eier**
- **70 g gehackter Blattspinat**
- **1 Tomate**
- **40 g Mais**
- **50 g geriebener Parmesan**
- **Salz**
- **Pfeffer**
- **Butter**

So geht's:

1. Den Backofen auf 200 °C vorheizen.

2. Eier in einer Schüssel verquirlen.

3. Die Tomate klein schneiden und mit dem Mais und dem Parmesan zu den Eiern geben.

4. Alles mit Salz und Pfeffer würzen.

5. Die Muffinformen einfetten.

6. Den Spinat in die Form verteilen und die Eiermasse einfüllen.

7. 15 Minuten backen lassen.

 # Dinkel-Nuss-Waffeln

Man braucht:

(Für ca. 5 Waffeln)

- **50 g geschmolzene Butter**
- **1 Ei**
- **2 Eigelb**
- **Salz**
- **120 g frisch gemahlenes Dinkelmehl (am besten mit Sauerteig aus Dinkel)**
- **50 g Nüsse**
- **200 ml Buttermilch oder Rohmilch**
- **Butterschmalz für das Waffeleisen**
- **Honig**

So geht's:

1. Die Butter mit einem Schneebesen schaumig rühren und das Ei unterrühren.

2. 1 Prise Salz, Mehl und die Nüsse vermengen.

3. Die Buttermilch oder Rohmilch nach und nach unter die Butter zu einer Masse verrühren.

4. Den Teig etwa 10 Minuten quellen lassen.

5. Das Waffeleisen vorheizen und mit dem Butterschmalz einpinseln.

6. Den Teig portionsweise 3 – 4 Minuten im Waffeleisen backen lassen.

Die Waffeln können mit Honig beträufelt serviert werden.

Warme Küche

 ## Bolognese mit Hühnerleber

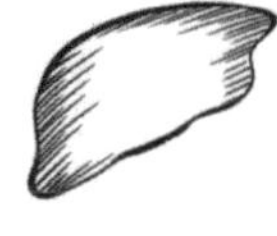

Man braucht:

- **400 g Bio-Rinderhackfleisch**
- **2 EL Butter**
- **2 EL Olivenöl**
- **½ Tasse Stangensellerie (grob gehackt)**
- **½ Tasse Möhren (grob gehackt)**
- **1 Tasse Zwiebeln (grob gehackt)**
- **1 EL Tomatenmark**
- **250 g Hühnerleber**
- **1 Tasse Sahne**
- **Muskatnuss**
- **Salz**
- **Pfeffer**
- **Nudeln oder andere Beilagen nach Geschmack**

So geht's:

1. Die Butter in einer Pfanne zergehen lassen. Das Gemüse hinzufügen und 10 Minuten leicht rösten. Die fertige Mischung in einen Topf geben.

2. Das Hackfleisch in derselben Pfanne mit dem Olivenöl erhitzen und bei mittlerer Hitze immer wieder umrühren. Das Fleisch zu dem Gemüse in den Topf geben, das Tomatenmark hinzufügen und aufkochen.

3. Die Hühnerleber in der Pfanne kurz braten, bis sie nur leicht gebräunt ist.

4. Die Sahne in die Soße geben und erhitzen. Mit Muskatnuss, Salz und Pfeffer würzen.

Dazu passen Nudeln oder eine andere Beilage deiner Wahl.

Gebratene Rinderleber mit Apfel und Zwiebelringen

Man braucht:

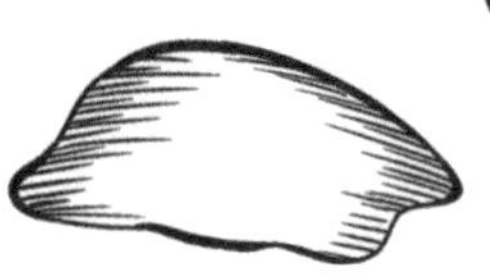

- **200 g Rinderleber**
- **3 – 4 Zwiebeln**
- **Etwas Butter**
- **Mehl zum Bestäuben**
- **2 – 3 Äpfel**
- **Etwas Wasser**

So geht's:

1. Die Zwiebeln in dünne Ringe schneiden.

2. Die Leber abtrocknen.

3. Etwas Butter in einer Pfanne erhitzen.

4. Die Leber im Mehl wenden, in der Butter kurz von zwei Seiten anbraten, bis der erste Blutstropfen kommt. Aus der Pfanne nehmen und auf einen tiefen Teller legen.

5. Reichlich Zwiebeln schön hellbraun braten, mit Mehl bestäuben und kaltem Wasser aufgießen, köcheln lassen.

6. 2– 3 Äpfel schälen, in Ringe schneiden.

7. Soße mit Pfeffer oder anderen Gewürzen nach Wunsch abschmecken, aber nicht salzen.

8. Leber hineingeben, Äpfel obenauf legen.

9. Etwa 5 Minuten simmern lassen, bis die Apfelscheiben weich sind.

# Frikadellen mit Leber und Apfel-Kartoffelpüree mit Zwiebeln

Man braucht:

Für die Frikadellen:

- **70 g Speck**
- **300 g Hüftsteak**
- **150 g Rinderleber (vom grasgefütterten Bio-Rind)**
- **1 TL Salz**
- **1 TL Knoblauch**
- **1 TL Rosmarin**
- **Salbeiblätter**

Für das Püree:

- **500 g mehligkochende Kartoffeln**
- **2 Äpfel**
- **2 Zwiebeln**
- **Butterschmalz**
- **½ EL Butter**
- **100 ml Milch**
- **Salz**
- **Muskatnuss**

So geht's:

1. Alle Zutaten für die Frikadellen durch einen Fleischwolf drehen (lassen) und am besten in einer Küchenmaschine verrühren. Wenn keine Küchenmaschine vorhanden ist, mit den Händen vermischen.

2. Die Fleischmasse zu Frikadellen formen und im Ofen bei 180 °C 20 Minuten backen.

3. Die Kartoffeln schälen und in grobe Stücke schneiden.

4. Die Äpfel schälen, entkernen und in Würfel schneiden.

5. Alles in einem Topf mit Salzwasser zugedeckt aufkochen lassen und danach auf mittlere Hitze 15 Minuten garen lassen.

6. Die Zwiebeln in feine Ringe schneiden.

7. 2 EL Butterschmalz in einer Pfanne erhitzen. Die Zwiebeln hinzufügen und goldbraun braten, etwas salzen und dann herausnehmen.

8. Die Kartoffeln mit den Äpfeln abgießen und ausdampfen lassen.

9. Die Milch und die Butter erwärmen, mit Kartoffeln und Äpfeln zerstampfen und mit Salz und Muskatnuss würzen.

Das Püree zusammen mit den Frikadellen und den Zwiebeln servieren.

 # Gemüsepfanne mit Lachsfilet

Man braucht:

- **100 g Brokkoli**
- **50 g Blumenkohl**
- **50 g Pilze**
- **4 EL Mais**
- **2 EL gehackte Zwiebeln**
- **30 g Lachsfilet (Wildfang)**
- **150 ml Wasser**
- **1 TL Gemüsebrühe (am besten aus klein gehacktem Suppengrün und Salz selbstgemacht)**
- **2 EL Kokosmilch**
- **1 EL Butter**

So geht's:

1. Zwiebeln in kleine Würfel schneiden.

2. Das Gemüse kleinschneiden.

3. Alles in einer Pfanne mit Butter oder Schmalz anbraten.

4. Wasser mit der Gemüsebrühe und Kokosmilch vermischen, hinzufügen und aufkochen lassen.

3. Den Lachs separat in einer Pfanne 3 – 5 Minuten je Seite anbraten.

4. Das Gemüsewasser abgießen, den Lachs klein schneiden und über das Gemüse geben.

 # Fischstäbchen

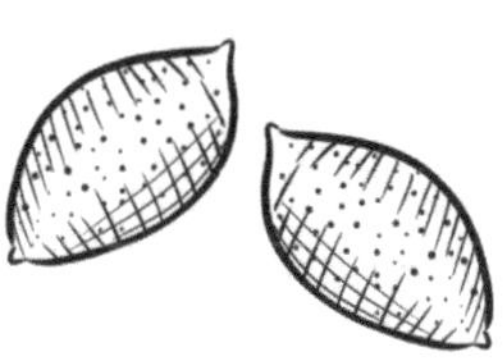

Man braucht:

- **800 g Dorsch, Seelachs oder ein anderer Weißfisch**
- **Saft von 1 – 2 Zitronen**
- **ca. 2 verquirlte Eier**
- **Salz**
- **Paniermehl/Semmelbrösel**
- **Butter zum Braten**

So geht's:

1. Den Fisch in Streifen schneiden

2. Mit Zitronensaft beträufeln.

3. In verquirltem Ei und danach in Paniermehl wälzen.

4. In der Pfanne anbraten, salzen.

Dazu passen z. B. Kartoffeln und Quark oder Kartoffelbrei und ein Rohkostsalat.

 # Bratheringe

Man braucht:

- **400 g Heringsfilets (frisch oder TK), Makrele, Sardine etc. geht auch**
- **1 Zitrone**
- **Mehl**
- **Salz**
- **Butter oder Butterschmalz**

So geht's:

1. Heringsfilets von den Rückenflossen befreien, auf einem großen Brett ausbreiten, mit Zitronensaft beträufeln.

2. In Mehl wälzen und in der Pfanne von beiden Seiten ca. 30 – 60 Sekunden in reichlich Butter anbraten.

3. Salzen und bis zum Servieren auf einem zugedeckten Teller warmhalten.

Dazu empfehlen wir Salzkartoffeln oder Kartoffelbrei und Salat oder Gemüse (z.B. gekochte Möhren).

 # Gemüsepuffer mit selbstgemachtem Apfelmus

Man braucht:

Für die Puffer:

- ½ **Zwiebel**
- **1 Möhre**
- ½ **Zucchini**
- **2 Eier**
- **1 TL Petersilie**
- **1 EL Weidebutter/Schmalz**
- **Salz und Pfeffer**

So geht's:

1. Zwiebeln klein hacken und das Gemüse nach Wunsch fein oder grob raspeln.

2. Alles in eine Schüssel geben, das Ei dazu und gut vermischen. Mit Salz und Pfeffer würzen.

3. Butter oder Schmalz in einer Pfanne auf mittlere Hitze erhitzen und die Puffer auf jeder Seite 5 Minuten braten.

Man braucht:

Für das Apfelmus:

- ½ **kg Äpfel**
- **50 ml Wasser**
- **Saft von ¼ Zitrone**

So geht's:

1. Die Äpfel schälen und zerkleinern.

2. Alles in einen Topf geben und mit Wasser und Zitronensaft aufgießen.

3. Bei geringer Hitze ca. 30 Minuten kochen lassen.

4. Alles mit einem Stab pürieren oder durch ein Sieb passieren.

Sauerkraut-Auflauf

Man braucht:

- **200 g Kartoffeln**
- **½ Zwiebel**
- **1 rote Paprika**
- **200 g Sauerkraut (am besten selbst fermentiert)**
- **1 Ei**
- **2 EL Weidebutter**
- **100 g Creme fraiche**
- **Petersilie**
- **Pfeffer**
- **Salz**
- **Muskatnuss**

So geht's:

1. Die Kartoffeln schälen, in grobe Stücke schneiden und in einem Topf mit Salzwasser bei mittlerer Hitze 20 Minuten garen lassen.

2. Zwiebeln in Würfel schneiden und in einem Topf mit 1 EL Butter glasig dünsten.

3. Das Sauerkraut hinzugeben und 2 Minuten mit andünsten.

4. Alles 15 Minuten auf mittlerer Hitze kochen lassen.

5. Paprika in Streifen schneiden und untermischen.

6. Das Ei mit der Creme fraiche verrühren, salzen und pfeffern.

7. Die fertigen Kartoffeln abgießen und grob zerstampfen. 1 EL Butter untermischen und mit etwas Muskatnuss würzen.

8. Alles zusammen in eine Auflaufform geben und verteilen. Danach im Ofen auf 180 °C ca. 45 Minuten backen lassen.

9. Mit Petersilie überstreuen und servieren.

 # Reis mit buntem Gemüse

Man braucht:

- **1 EL Butter**
- **1 Möhre**
- **100 g Mais**
- **1 Paprika**
- **50 g Erbsen**
- **100 g Naturreis (mit Molke über Nacht gesäuert)**
- **200 ml Knochenbrühe**
- **Zitronensaft**
- **Salz und Pfeffer**
- **Petersilie**

So geht's:

1. Das Gemüse in kleine Stücke schneiden und in einer Pfanne mit der Butter oder Schmalz andünsten.

2. Reis, Erbsen und die Knochenbrühe zum Gemüse geben. Ungefähr 30 Minuten auf kleiner Stufe garen. Bei Bedarf nach 15 Minuten evtl. mehr Brühe oder Wasser hinzufügen.

3. Mit Zitronensaft, Salz und Pfeffer würzen.

 # Hühnersuppe

Man braucht:

- **1 Bio-Suppenhuhn**
- **1 Zwiebel**
- **ca. 500 g Suppengrün**
  (Möhre, Sellerie, Lauch, Petersilie)
- **1 Lorbeerblatt**
- **Ingwer**
- **3 Wacholderbeeren**
- **1 EL Salz**
- **schwarze Pfefferkörner**
- **3 Liter Wasser**

Für die Einlage:

- **Frisch geschnittenes Gemüse nach Wahl (z.B. Möhre und Kohlrabi)**

So geht's:

1. Zwiebel halbieren und in einer Pfanne andünsten. Den Lauch längs halbieren, waschen und in das Huhn stecken. Die Möhren und den Sellerie in kleine Stücke schneiden.

2. Alles in einen großen Topf geben und mit ca. 4 – 5 Liter kaltem Wasser aufgießen.

3. Für den Geschmack werden Lorbeerblätter, Ingwer, Wacholderbeeren, Pfeffer und Salz mit dazu gegeben.

4. Suppe zum Kochen bringen und bei mittlerer Hitze köcheln lassen, dabei immer wieder die Schwebstoffe abschöpfen. So bekommt man eine schöne klare Hühnersuppe. Das kann durchaus 30 – 45 Minuten dauern und sorgt dafür, dass möglichst viele Aromastoffe sowie gesunde Inhaltsstoffe schonend aus dem Huhn gelöst werden. Insgesamt die Suppe 90 Minuten kochen lassen.

5. Jetzt wird das Huhn aus der Suppe genommen. Das Fleisch
    vom Knochen lösen – die Haut kann man ebenfalls verwenden,
    wenn man möchte. Nicht jeder mag sie allerdings.

6. Die Suppe durch ein feines Sieb geben. Das Gemüse wird nicht
    mehr verwendet.

7. Das vorgeschnittene Gemüse für die Einlage jetzt mit dem
    Fleisch in die Suppe rühren und noch einmal ca. 15 – 30 Minu-
    ten in der Hühnersuppe köcheln lassen. Dann mit etwas frisch
    gehackter Petersilie und nach Wunsch mit weiteren Einlagen
    heiß servieren.

 # Grüne-Bohnen-Eintopf

Man braucht:

- **Knochenbrühe**
- **200 g Bio-Weiderind- oder Lammfleisch am Stück**
- **Suppengemüse**
- **500 g Tiefkühlbohnen oder frische grüne Bohnen**
- **2 Kartoffeln, in Würfeln**
- **Salz**
- **Evtl. Thymian**

So geht's:

1. Fleisch, Suppengemüse, evtl. Thymian und Salz in der Brühe ca. 20 Minuten im Dampfkochtopf oder 45 Minuten in einem normalen Topf kochen.

2. Fleisch und Suppengemüse herausnehmen, in Würfel schneiden.

3. Kartoffeln und Bohnen in den Topf geben und ca. 8 Minuten garen.

4. Fleisch und Suppengemüse dazugeben, durchziehen lassen und abschmecken.

 # Möhren-Linsen-Suppe

Man braucht:

- **100 g Berglinsen (über Nacht einweichen)**
- **300 ml selbstgemachte Knochenbrühe**
- **1 EL gehackte Zwiebeln**
- **1 TL frischer Ingwer**
- **250 g Möhren gewürfelt**
- **Salz und Pfeffer ggf. Curry**

So geht's:

1. Linsen im Wasser quellen lassen und dann ca. 15 Minuten in der Brühe kochen.

2. Ingwer-, Zwiebel- und Möhrenwürfel dazugeben und 20 Minuten kochen lassen.

3. Im Anschluss die Suppe beliebig würzen.

 # Gemüse-Kartoffel-Suppe

Man braucht:

- **150 g frisches Gemüse**
- **80 g Kartoffeln**
- **300 ml selbstgemachte Knochenbrühe**
- **1 Lorbeerblatt**
- **1 TL Butterschmalz**
- **Pfeffer**
- **Thymian**

So geht's:

1. Das beliebige Gemüse klein schneiden.

2. Die Butter in einem Topf erhitzen und das Gemüse darin für 2 Minuten andünsten.

3. Danach die Brühe aufgießen und die Kräuter hinzufügen.

4. Für 10 Minuten köcheln lassen und das Lorbeerblatt entfernen.

5. Die Suppe kann mit einem Mixstab püriert werden.

Salate und Beilagen

 ## Geflügelsalat

Man braucht:

- **300 g Bio-Hähnchenbrustfilet**
- **3 gekochte Eier**
- **1 ½ Zwiebeln**
- **1 Paprika**
- **1 Apfel**
- **300 g Joghurt oder Kefir aus Rohmilch**
- **1/5 EL Butterschmalz**
- **Salz, Pfeffer**

So geht's:

1. Hähnchenfleisch gründlich waschen, klein schneiden und in einer heißen Pfanne mit dem geschmolzenen Butterschmalz anbraten.

2. Anschließend das Fleisch in eine Schüssel geben und nach Bedarf würzen.

3. Zwiebeln, gewaschene Äpfel und Paprika klein schneiden.

4. Alles in eine Schüssel geben und mit den klein geschnittenen Eiern vermischen.

5. Den Joghurt und die Fleischstücke hinzufügen und alles verrühren.

 # Wassermelonensalat mit Feta und Walnüssen

Man braucht:

- **40 g Walnüsse**
- **½ Salatgurke (am besten fermentiert)**
- **Rucola**
- **500 g kernlose Wassermelone**
- **60 g Feta**

So geht's:

1. Die Walnüsse zerkleinern.

2. Salatgurke, Feta und Wassermelone in kleine Würfel schneiden.

3. Alles zusammen mit dem Rucola in eine Schüssel geben.

Für das Dressing

Man braucht:

- **2 EL Olivenöl**
- **1 Zitrone**
- **Kräutersalz**
- **Pfeffer**

So geht's:

Alle Zutaten miteinander vermischen und über den Salat geben.

 # Avocado-Tomaten-Salat

Man braucht:

- **2 reife Avocados**
- **200 g Kirschtomaten**
- **2 EL Olivenöl**
- **½ TL Senf**
- **1 EL Zitrone**
- **Ca. 200 ml Rohmilch**
- **Salz und Pfeffer**
- **Petersilie, Thymian und Basilikum**
- **2 TL Sonnenblumenkerne**

So geht's:

Die Tomaten und die Avocados in kleine Stücke schneiden und in eine Schüssel geben.

Für das Dressing Zitronensaft, Senf, Olivenöl und Rohmilch gut vermischen und hinzugeben. Beliebig mit Salz und Pfeffer würzen. Mit Kräutern und Sonnenblumenkernen überstreuen.

 # Bohnen-Hirse-Salat

Man braucht:

- **200 g Stangenbohnen**
- **80 g Hirse (24 Stunden in Wasser einweichen, das Wasser danach weggießen und die Hirse durchspülen)**
- **1 Zwiebel**
- **1 Knoblauchzehe**
- **40 g Sonnenblumenkerne**
- **½ Zitrone**
- **1 EL Butter**
- **1 Zweig Petersilie**
- **Salz**
- **Pfeffer**
- **geriebener Parmesan**

So geht's:

1. Zwiebeln und Knoblauch schälen, in kleine Würfel schneiden und mit Butter in einer Pfanne andünsten.

2. Bohnen klein schneiden und zusammen mit der Hirse in die Pfanne geben.

3. 400 ml Wasser hinzufügen und 15 Minuten kochen lassen, zwischendurch umrühren.

4. Petersilie grob hacken und die Zitrone auspressen.

Alles in eine Schale geben und mit dem Parmesan und den Sonnenblumenkernen bestreuen.

 # Selbstgemachtes Kürbis-Knäckebrot

Man braucht:

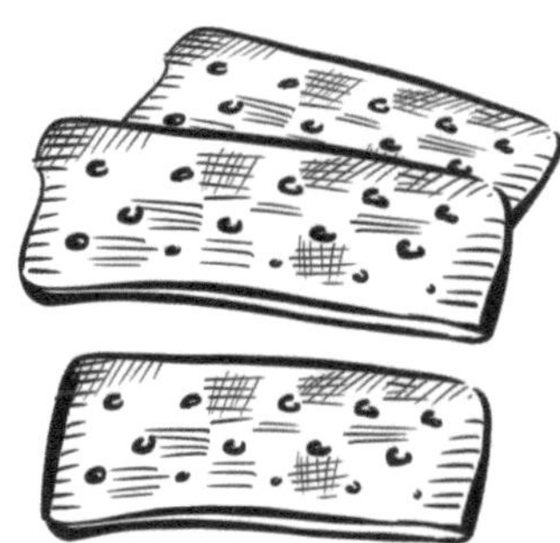

- **100 g gemahlene Mandeln**
- **70 g Sonnenblumenkerne**
- **40 g Leinsamen**
- **50 g Kürbiskerne**
- **2 EL Sesam**
- **½ TL Salz**
- **1 EL Schmalz oder Butter**
- **200 ml Wasser**

So geht's:

1. Alle Zutaten in eine Schüssel geben, Butter und Wasser hinzufügen und gut verrühren, bis ein Teig entsteht.

2. Den Teig mindestens 24 Stunden bei Raumtemperatur stehen lassen.

3. Den Teig etwa 0,5 cm hoch auf ein Backblech mit Backpapier in beliebiger Form und Größe verteilen und ca. 20 – 30 Minuten bei 175°C backen.

Das Knäckebrot kann beliebig mit Käse, Frischkäse, Lachs oder einem leckeren selbstgemachten Brotaufstrich gegessen werden. Vorher mit reichlich Weidebutter bestreichen.

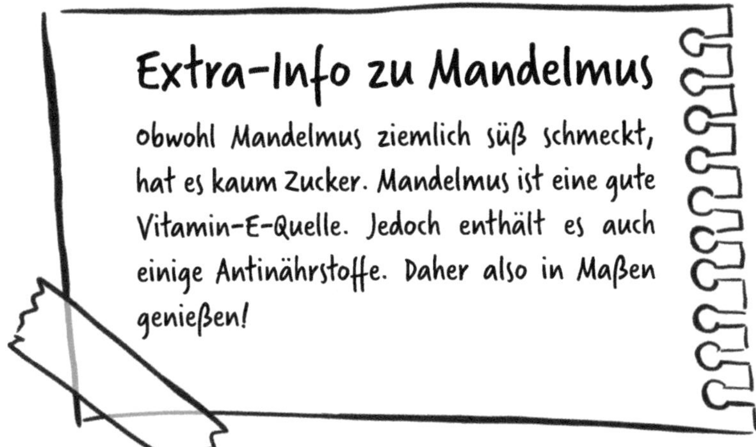

Eigene
Rezeptideen

Jammi

Kikeri und
Kikeru ich bin
HAPPY was bist du?

Das Wichtigste in Kürze

- **Eigelb in die täglichen Gerichte integrieren.**
- **Traditionelle Fette reichlich benutzen. An guter Weidebutter braucht nicht gespart zu werden.**
- **Innereien und Knochen (für Brühe) verwenden. Bei Hackfleischgerichten nährstoffreiche Leber hinzufügen.**
- **Lebertran als zuverlässige Quelle für fettlösliche Vitamine nutzen.**
- **Täglich Rohmilch verwenden, am besten vorwiegend in gesäuerter Form (Dickmilch, Kefir).**
- **Getreide immer erst einweichen, säuern und erhitzen und am besten selbst mahlen.**

Schlusswort

Wir hoffen, dass unser Buch einen Einblick in die traditionelle zahngesunde Ernährung geben konnte.

Ein Alltag mit Kindern, Job und Aktivitäten macht es natürlich schwieriger, einen neuen Ernährungsstil zu erlernen. Am Anfang kann es eine echte Herausforderung sein. An manchen Tagen sagen Sie sich vielleicht, dass es nicht möglich ist, alles umzustellen und umzusetzen. Aber das muss auch gar nicht sein. Lernen Sie Schritt für Schritt, Veränderungen in Ihren Alltag einzubauen. Probieren Sie immer wieder Neues aus, um den für Sie individuell richtigen Weg zu finden. Routinen stellen sich mit der Zeit von ganz alleine ein.

Mentale Gesundheit ist für unseren Körper ebenfalls sehr wichtig und Stress tut unserem Körper nicht gut. Dranbleiben und eine gesunde Mitte finden sind hier der Schlüssel. Essen soll Spaß machen und Extreme sind da fehl am Platz.

Quellen

B Ciucchi: Dentinal fluid dynamics in human teeth, in vivo, Journal of Endodontics 1995 Apr;21(4):191-4.

Nicola PT Innes, The FiCTION dental trial protocol – filling children's teeth: indicated or not?, MC Oral Health. 2013; 13: 25.

Christiane Klec: Calcium Signaling in ß-cell Physiology and Pathology: A Revisit, Int. J. Molecular Science. 2019: 6110.

Weston A Price: Ernährung und körperliche Degeneration, Mobiwell Verlag 2020.

Guangwen Tang: Bioconversion of dietary provitamin A carotenoids to vitamin A in humans, Am J Clin Nutr. 2010 May; 91(5): 1468S–1473S.

Empfohlene Literatur

Karies heilen, Ramiel Nagel

Die neue traditionelle Ernährung, Esma Storck

GAPS - Unsere Gesundheit beginnt im Darm, Natasha Campbell-McBride

Ernährung und körperliche Degeneration, Weston A Price

Wer wir sind

Ich heiße Jasmin Schmidt, bin 34 Jahre alt, verheiratet und Mutter von 2 Kindern.

Mein Herzenswunsch ist, Eltern eine Alternative an die Hand zu geben, um ihren Kindern gesunde, starke Zähne zu schenken.

Das Thema Gesundheit und die dazugehörige gesunde Ernährung liegen mir besonders am Herzen, da ich lange mit chronischer Müdigkeit kämpfen musste und nicht mehr weiterwusste. Es wurden Nahrungsergänzungsmittel empfohlen, über die richtige Ernährung wurde aber nur wenig gesprochen. Als ich anfing, mich von Zucker zu entfernen, ging es mir nach und nach besser. Ich wusste einfach, dass Zucker und falsche Ernährung eine sehr große Rolle spielen.

Ich bin gelernte Zahnmedizinische Prophylaxeassistentin und arbeitete 19 Jahre lang in einer Zahnarztpraxis. Meine „Mission" begann, als ich anfing, in einer Kinderzahnarztpraxis zu arbeiten. Ich war sehr überrascht, wie viele Kinder massive Zahnschäden aufwiesen, und dies schon im Kleinkindalter. Viele Fälle wurden auch in Vollnarkose behandelt, da die Reparatur der Zähne nicht anders möglich war. Mir selbst wurde bewusst, wie schwer das alles für die Kinder und Eltern ist, sich tagtäglich über Karies Sorgen zu machen.

Eines Morgens saß eine sehr verzweifelte Mutter vor mir und wusste nicht mehr weiter mit den Zähnen ihrer Tochter. Sie erzählte mir, dass sie ihrer Tochter dreimal am Tag die Zähne putzen würde und eine äußerst gesunde Ernährung anbot, so wie es ihr empfohlen wurde. Trotzdem entwickelten die Zähne ihrer Tochter jedes Mal aufs Neue Karies. Ich hatte so sehr das Bedürfnis zu helfen, aber sie tat schon alles, was ich ihr an die Hand geben konnte.

Solche Fälle häuften sich bei mir im Praxisalltag immer mehr. Da kam ich auf die Idee, über dieses wichtige Thema ein Buch zu schreiben, um Eltern und Kindern Tipps und Informationen rund um die Zahngesundheit zu geben. Ein Buch, das intensiver beschreibt und veranschaulicht als die Informationen, die auf Flyern zu finden sind.

In dieser Phase lernte ich über meine Verlegerin Caroline Oblasser Sarah Schmid kennen, die das Buch „Karies heilen" übersetzt hat und eine Expertin auf dem Gebiet ist. Damals wusste ich noch nicht, was mir das Thema an Wissen schenken würde und wie alles einen Sinn ergab. Wir tauschten uns aus und Sarah offerierte mir viel Wissen über die traditionelle Ernährung, Weston Price, seine Theorie und ihre eigene Geschichte. Ich begann in vielen Dingen umzudenken und ganz viel Neues dazuzulernen. So entstand mit viel Vorfreude und Liebe unser Buch.

Unser Körper kann die Zähne wieder reparieren, wenn wir eine langjährige nährstoffreiche Ernährung einhalten. Deshalb ist es mir eine Freude, euch hier vermitteln zu können, dass ihr selbst etwas gegen die Zahnschäden und vor allem für die Gesundheit eurer Kinder tun könnt.

Ich wünsche euch viel Freude bei der Zubereitung gesunder Mahlzeiten und natürlich gesunde, starke Zähne!

Eure Jasmin

Instagram: @kinderzaehne_richtig_naehren

Ich heiße Sarah Schmid, bin 42 Jahre alt, verheiratet und habe 10 Kinder.

Schon bevor ich Kinder hatte, trieb mich die Frage um, wie man Gesundheit natürlich erreichen kann, so wie es in der Natur vorgesehen ist. Als junger Mensch hatte ich mit verschiedenen Problemen (chronische Nasennebenhöhlenentzündung, Depression, Karies) zu tun, für die die Schulmedizin offenbar keine Lösung hatte. Jedenfalls keine Lösung, die das Problem ursächlich aus der Welt geschafft hätte.

Ich studierte Medizin, merkte aber, dass es kaum Antworten auf meine Fragen gab. Gesunde Ernährung und Gesunderhaltung waren nicht Teil der Ausbildung. Das Erkennen und Behandeln von Krankheiten standen im Fokus. Aber was, wenn man erst gar nicht krank werden würde, weil man verstanden hatte, wie Gesundheit funktioniert? Sollte das nicht das erste Ziel sein?

Ich hatte seit meiner Kindheit immer wieder mit Karies zu tun. Aber die einzigen Antworten waren: putzen, noch mehr putzen, Fluoride, bohren. Man sagte mir, ich hätte halt schwache Zähne und Pech. Damit hatte ich mich schon abgefunden.

Aber als mein erstes Kind geboren war, war ich entschlossen, dass es einmal kariesfrei bleiben sollte. Ich machte also alles richtig: Putzen ab dem ersten Zahn, kein Zucker ... Man kann sich meinen Schock vorstellen, als ich das erste Loch bei meiner Tochter entdeckte. Mir war klar, dass etwas an der gängigen Kariestheorie fehlte. Ich musste weiterforschen. Dabei stieß ich auf Weston Price und das Buch "Cure Tooth Decay" von Ramiel Nagel ("Karies heilen" heißt der deutsche Titel). So fielen für mich viele fehlende

Puzzleteile an ihren Platz. Bei mir kam die Karies mit der Umstellung sofort zum Stillstand. Seit über zehn Jahren und trotz mehrerer Schwangerschaften gab es keine neuen Löcher. Meine Angst vor dem Zahnarzt und der unvorhersehbaren Entdeckung neuer Karies hatte endlich ein Ende.

Ich wünschte, ich könnte erzählen, dass es ab da bei meinen Kindern auch so einfach lief. Aber das war leider nicht der Fall. Ich musste noch lernen, wie entscheidend die Darmflora für die Nährstoffaufnahme ist. Meinen beiden erstgeborenen Kindern konnte ich aufgrund der noch vorhandenen Zuckersucht und des reichlichen Antibiotikakonsums nicht besonders viel Gutes mitgeben. Das passierte erst für meine späteren sieben Kinder, nachdem sich meine Darmflora dank Zuckerentzug und traditioneller Ernährung gebessert hatte.

Aber da ich einmal angefangen hatte, zahnmedizinische Dogmen zu hinterfragen, und weil mein großes Kind den Zahnarzt nach dem ersten Besuch verweigerte, beschritt ich neue Wege. Probierte aus, beobachtete und sammelte meine Erfahrungen mit dem abwartenden Begleiten von Milchzahnkaries, absterbenden und toten Milchzähnen und Schmelzdefekten. So entstand auch die Gruppe „Kinderzähne heilen" bei Facebook, wo wir noch mehr Wissen und Erfahrungen zusammentrugen. Auf dem Weg mit meinen Kindern habe ich zahntechnisch viel gelernt, auch Fehler gemacht. Aber von dem so gesammelten Wissen dürft Ihr jetzt hier in diesem Buch profitieren.

Interessanterweise und für mich völlig überraschend verschwanden mit verbesserter Ernährung auch meine Depressionen und meine chronische Nasennebenhöhlenentzündung. Es hängt eben doch alles miteinander zusammen und unsere Psyche ist viel enger mit unserer körperlichen Gesundheit verbunden, als irgendwer in der Schulmedizin wahrhaben will.

Eure Sarah

Instagram: @sarahschmid_alleingeburt

Ich heiße Scarlett Müller-Mangelberger und bin 39 Jahre alt.

Ich lebe mit meiner Frau und unserem Zwergpudel in Wien. Am liebsten zeichne und illustriere ich unterhaltsam und mit viel Leichtigkeit.

Als Illustratorin möchte ich Kindern auf spielerische Weise wichtige Themen nahebringen. Ein Buch über Zahngesundheit, Ernährung und den ersten Zahnarztbesuch zu illustrieren, war mir ein besonderes Anliegen. Denn damit kann ich helfen, die Angst vor dem Zahnarzt zu nehmen und gesunde Gewohnheiten zu fördern.

Eure Scarlett

www.illustrier-tier.at

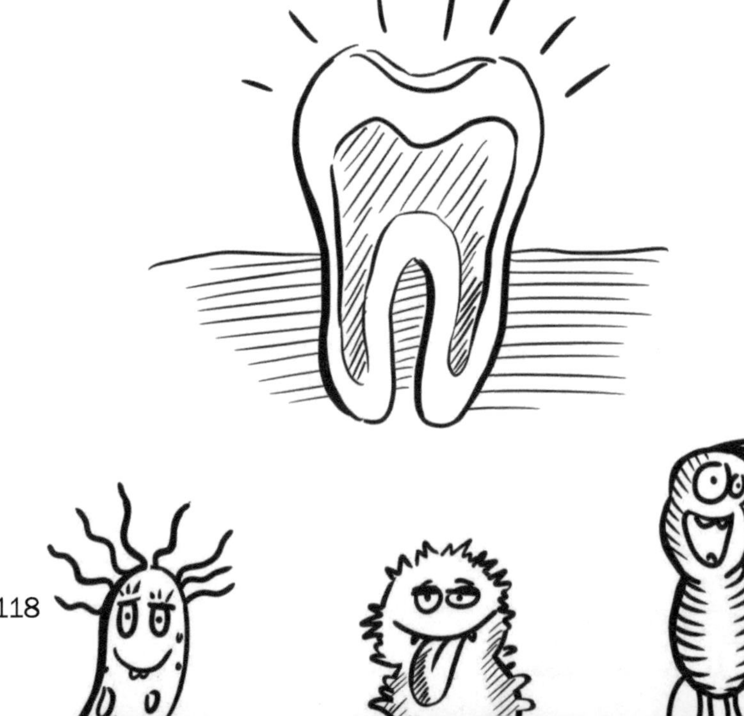

Die Darmhelden — Auf Abenteuerreise durch das Mikrobiom

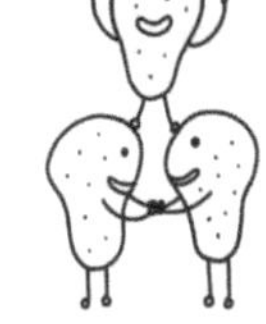

Hast du dich schon mal gefragt, wie es nach dem Kauen weitergeht?

Hinter den Zähnen in der Mundhöhle beginnt eine rasante Fahrt: Der Nahrungsbrei wird runtergeschluckt und landet direkt in der brodelnden Magensäure!

Nun gibt es kein Halten mehr: Unendlich viele Helferchen zersetzen das, was du isst und trinkst, in mikrokleine Bestandteile. Damit am Ende alles gut verdaut wird, sind Biffi Bifidobakterium, Candi Candida und Mica Microvirus Tag und Nacht für dich im Einsatz. Doch nicht nur sie besiedeln im Mikrobiom deinen Darm: Außer ihnen existieren nämlich die faulen Faulibakterien, die den Darmheld:innen das Leben wirklich schwer machen können.

Finde heraus, was du selbst tun kannst, damit dein Darm gesund und munter ist. Verbünde dich mit den Biffi, Candi und Mica gegen die faulen Faulibakterien und bringe deine Verdauung ordentlich in Schwung! Nach der Bildergeschichte erwarten dich viele interessante Mitmach-Seiten zum Reinschreiben und Zeichnen.

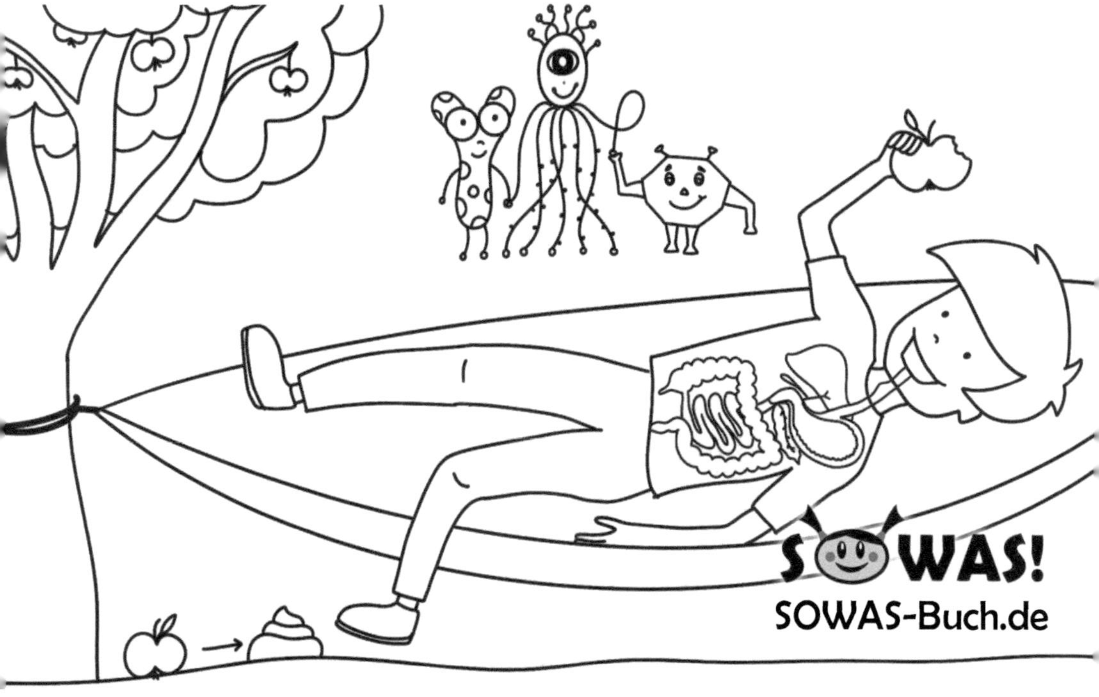

SOWAS!
SOWAS-Buch.de

WAS BRAUCHST DU?

Mit der Giraffensprache und Gewaltfreier Kommunikation Konflikte kindgerecht lösen

Ein Buch von Hanna Grubhofer, Sigrun Eder und Barbara Weingartshofer (Illustrationen)

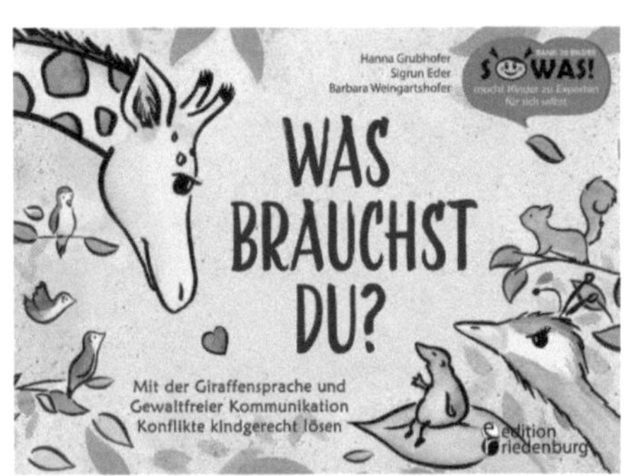

Emil Erdmännchen möchte mit seiner Familie und seiner Freundin Carla Chamäleon einen Ausflug zum himmlisch duftenden Beerenstrauch machen. Doch Carla Chamäleon hat keine Lust, und Emil Erdmännchen versteht nicht, wieso. Bevor es zum Streit kommt, taucht Gino Giraffe auf. Was für ein Glück! Gino Giraffe erklärt Emil Erdmännchen und Carla Chamäleon ihre Bedürfnisse. Auch Mia Maus, Balduin Bär, Pedro Pfau, Martha Maulwurf und einige andere Tierkinder kommen sich mit dem, was sie brauchen, in die Quere. Gino Giraffe ist immer zur Stelle und zeigt ihnen, was genau für sie im Moment wichtig ist.

Das fröhlich illustrierte Bilder-Erzählbuch „Was brauchst du?" im handlichen A5-Format unterstützt Kinder dabei, Gefühle und Bedürfnisse zu erkennen, um für jeden eine passende Lösung zu finden. Die Gewaltfreie Kommunikation (GFK) hilft dabei, Konflikte zu lösen. Zahlreiche, auf gut beschreibbarem Papier gedruckte Mit-Mach-Seiten zum Malen, Aufschreiben und Reden im Anschluss an die Geschichte befähigen junge LeserInnen dazu, sich selbst und andere besser zu verstehen. Als Bonus-Material gibt es die Tiere und ihre Bedürfnisse zum Ausmalen und Ausschneiden. Auf Karton geklebt können Kinder so ihre eigenen Bedürfniskärtchen basteln und Lösungen für Konflikte finden.

>> Auch als Hörbuch erhältlich!

„Du bist ein Tollpatsch!", „Du bist ein Wirbelwind!", „Du bist ein Vergissmein-
nicht!" – Sätze wie diese hört Lucca viel zu oft, und das macht keinen Spaß.

„Du hast ADHS. Dein Gehirn funktioniert anders als bei den meisten anderen Kindern", erklärt die Psychologin. Lucca hat einen Mangel an Boten-stoffen, die für Motivation und Aufmerksamkeit im Gehirn zuständig sind.

Damit aus Lucca trotz ADHS-Turbo ein Kind mit ganz viel positiver Selbstwahrnehmung wird, braucht es den gezielten Blick auf die Stärken. „Du bist ein Löwen-Beschützer!", sagt Luccas Schwester. Und schon fallen ihm viele weitere Dinge ein, die er besonders gut kann. Das macht Lucca glücklich.

In diesem Buch lernen Kinder ab 6 Jahren durch Positive Psychologie, wie
sie persönliche Ziele benennen und ihre Ressourcen aktivieren.
Im Anschluss an die bunt illustrierte Geschichte liefern zahlreiche Mitmach-Seiten
jede Menge supergute ADHS-Ideen.

Supergut mit ADHS – Das Turbo-Tagebuch für deine Ressourcen

Die perfekte Ergänzung für 12 Wo-chen Selbstbeobachtung. Zum Erler-nen und Üben wichtiger Fähigkeiten: Empathie, Entspannung, Fairness, Freundschaft, Gefühle, Hobby, Kre-ativität, Motivation, Optimismus, Selbstbewusstsein, Stressbewälti-gung und Zielverfolgung.

Mal ist er verträumt und schusselig, dann wieder übertrieben aktiv. Die kleinste Unstimmigkeit bringt ihn auf die Palme.

Wie kann Max Gedanken, Gefühle und Verhalten besser wahrnehmen und steuern, damit in der Schule und zu Hause mit ADHS-Turbo alles einfacher wird?

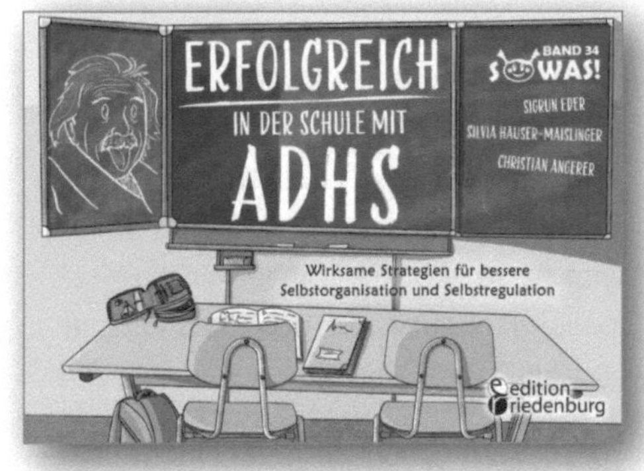

In diesem Buch lernen Kinder ab 6 Jahren, das eigene Handeln bewusster wahrzunehmen und gezielt dort anzusetzen, wo es nötig ist. Der individuelle Wochenplaner hilft, Pflichten und angenehme Aktivitäten im Blick zu haben. Das macht selbstwirksamer, selbstbewusster und das Leben schöner.

SOWAS! Die erfolgreiche psychologische Kinder- und Jugendsachbuchreihe

SOWAS!
SOWAS-Buch.de

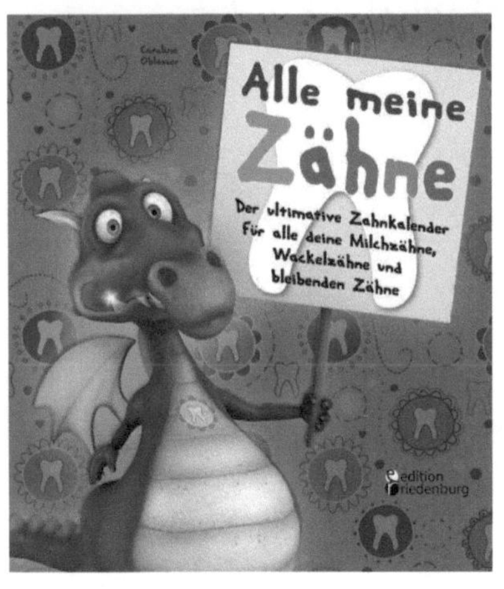

Der ultimative Zahnkalender für alle deine Milchzähne, Wackelzähne und bleibenden Zähne

Bei „Alle meine Zähne" handelt es sich um ein ganz besonderes Zahn-Tagebuch. Hier können Eltern den für Kinder so wichtigen Zahnwechsel bzw. – bereits ab dem ersten Beißerchen – das Zahnen dokumentieren. Gemeinsam mit Fotos der entsprechenden Zeit entsteht über die Jahre eine einmalige Dokumentation der Ereignisse.

Wer war wo dabei, als der Backenzahn ausfiel? „Schwimmbad, Jule tauchte ihn hoch."

Gut zu wissen für Mamas und Papas mit wenig Zeit: Da wir Menschen nur 20 Milchzähne besitzen, müssen nicht mehr als 20 ausgefallene Zähne dokumentiert werden. Das geht rasch (innerhalb weniger Minuten) und macht Spaß. Denn Kinder sind in der Regel sehr stolz auf ihre ausgefallenen Wackelzähne. Für die Dokumentation der bleibenden Zähne sind die Kinder dann teilweise schon alt genug, um ihre „neuen Zähne" selber zu erfassen.

„Alle meine Zähne" ist bestens dazu geeignet, Kinder an einen gewissenhaften Umgang mit ihren Milchzähnen und bleibenden Zähnen heranzuführen. Durch Zahndrache Zaninos Tipps erhalten sie außerdem wertvolle Hintergrund-Informationen zur Zahngesundheit. Diese ist die Basis für Zähne, die lebenslang gut funktionieren.

Nicht mehr klein und noch nicht groß: Wackelzahnpubertät-Elternratgeber

Weil wir alle im selben Boot sitzen, gibt es diesen Ratgeber. Mit bewährten, alltagstauglichen Tipps wirst du die sensible Zeit des Zahnwechsels liebevoll begleiten. Atme tief durch: Diese turbulente und für dein Kind sehr wichtige Phase geht vorüber! Erfahrungsberichte anderer Eltern, deren Kinder auch gerade in der Wackelzahnpubertät stecken, machen Mut und zeigen: Du bist nicht allein.

In diesem Buch erfährst du, wie die körperlichen Veränderungen deines Kindes und die Sprünge in seiner mentalen, sozialen und emotionalen Entwicklung mit dem Zahnwechsel zusammenhängen.

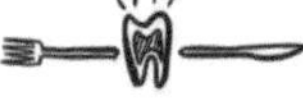

Im (Online)-Buchhandel und auf editionriedenburg.at